1

Helge Janßen

So werden alle Menschen

doch noch Brüder

Das Weltretterbuch

Die 9. Sinfonie, uraufgeführt 1824, ist die letzte vollendete Sinfonie des Komponisten Ludwig van Beethoven. Als Text für den Chor wählte Beethoven das Gedicht „An die Freude" von Friedrich Schiller. 1972 wurde das Thema vom Europarat zu seiner Hymne erklärt und 1985 von der Europäischen Gemeinschaft als offizielle Europahymne angenommen.

Bibliographische Information der
Der Deutschen Nationalbibliothek:
Detaillierte Daten sind im Internet über
http://dnb.d-nb.de abrufbar

Herstellung und Verlag:
BoD-Books on Demand, Norderstedt
1. Auflage
ISBN 9783746080420
Lektorat Silke Janßen
Alle kursiv gedruckten Textpassagen
sind Auszüge aus Enzyklopädien wie
  Wikipedia u.a.
Kontakt zum Autor:
  helgejanssen@t- online.de

Autor und Buch

Das Jahr 2016 wird in die Menschheitsgeschichte eingehen. Selten zuvor in den vergangenen 50 Jahren gab es weltweit derart viele erschreckende Ereignisse, die nahezu die gesamte Weltbevölkerung betrafen.Nie geahnte Flüchtlingswellen vor Religions- und Bürgerkriegen, wirtschaftlicher Not, barbarischen Tötungsmethoden mit „modernen" Waffen, Verbrechen gegen die Menschlichkeit begangen von schurkischen Tyrannen, Zerfallserscheinungen von Staatenbündnissen, schlimme Vergehen gegen das Weltklima und wirtschaftliche Not von Millionen Menschen ließen nicht nur aufhorchen, sondern auch tiefe Sorgen entstehen. Indes scheint sich die noch heile Welt immer noch hinter Scheuklappen zu verstecken.

Es wird geredet und debattiert, erwogen und verworfen, gestritten und beschuldigt, beleidigt, gelogen und bedroht. Kurz – es geschieht kaum etwas, um die Welt endlich zu verbessern, zu befrieden, und den Menschen ihre dringendsten Lebensbedürfnisse zu gewähren. Der Autor Helge Janßen sagt:

„Ich bin weder Politiker noch Politologe oder Geisteswissenschaftler, sondern ein pensionierter Ingenieur und politisch interessierter Laie, der seit vielen Jahren zahlreiche Sachbücher sowie mehrere Tatsachenromane zu aktuellen Ereignissen verfasste.

Mit diesem Buch wage ich mich an ein Thema heran, das eine Ermunterung zum Aufbruch sein soll, Mut zu zeigen, Neues zu wagen, die verkorkste Welt zu verbessern. Noch gibt es kaum Anzeichen für eine Verbrüderung der Menschheit. Aber man darf vielleicht hoffen. Und wenn es 100 Jahre dauern sollte!"

Inhalt

Seite

Autor und Buch 5

Vorwort 14

Teil 1

Die Grundbedürfnisse der Menschen 19
Die (Un-) Vernunft der Menschen 24
Die Natur der Erde und ihr Schutz 32
Die Energiequellen der Welt 41
Die Sparpotentiale an Energie 52
Die Bildung der Menschen 57
Die Religionen der Welt 64
Die Waffen der Menschen 70
Die Verbrechen gegen die
Menschlichkeit 79
Die Flüchtlingsströme der Welt 89
Die Vereinten Nationen UNO 93
Die Hilfsprogramme für die Völker 103

Teil 2

Die Völker und Staaten der Welt
und ihre Wirtschaftsräume 108
Die wichtigsten Staatsformen der
Welt 125

7

Die Trennung von Kirche und Staat 131
Die Politik der Regierungen 139
Die politischen Parteien 141
Die Entscheidungsprozesse in der
Politik 146
Die Zusammensetzung und
Arbeitsweise des Parlaments in
einem demokratisch regierten
Land wie Deutschland 154
Die verschiedenen Gebietsformen
der Staaten und die Föderation 161

Teil 3

Föderalismus am Beispiel
Deutschland 163
Die Demokratisierung der
dritten Welt 170
Die parlamentarische demokratische
Republik 174
Die direkte demokratische Republik 177
Soweit – so gut? Aber… wer soll
das alles bezahlen? 179
Die reichen Länder müssen für die
armen zahlen! 179
Einsparpotential Vernichtung
der Atomwaffen 180
Die UNO – die Weltgemeinschaft 172

Das sind die armen Länder –
das sind die reichen Länder 181
Das sind die reichsten Spender 182
Wo das Geld bleibt, das eigentlich dem
  Staat gehört… 184

Teil 4

Der Zeitplan: was geschieht wann und
mit welchem Ergebnis?

Jahr und Seite

2017
Neugründung der
Initiative ICAN wurde der
Friedensnobelpreis verliehen 189
2018
Dieses   Buch   erscheint   auf   dem
  Buchmarkt 189
2019
Was ist vernünftig? Verkehrs-
Beruhigung 190
Abschaffung der Atomwaffen 192
Erdogan fürchtet um seine Macht 193
2020
Robert   Mugabe,   Diktator   gestorben.
  Deutschland hilft Simbabwe 195

Der Schutz der Natur 196
2021
Der Rückbau von Atomkraftwerken 196
US-Präsident aus dem Amt gejagt 198
2022
Deutschland wählt den 20. Bundestag 199
2026
Deutschland wählt den 21. Bundestag 200
nicht, sondern …
2027
Studie zur Neugestaltung der Politik
in Deutschland 201
Die Erarbeitung und Ergebnisse der
Studenten und Professoren 204
Die neue Regierung 205
Die neue Verwaltung der „DRD" 206
Die Verwaltung der Länder der
„DRD" 209
Was ist richtig und was falsch? 215
2028
Die neue Regierung arbeitet 223
Die bedingungslose Grundsicherung 225
Klimaschutz, Regierung hat
 angeordnet 227
Erweiterung der deutschen
Waffengesetze   228
2030
Überraschende Initiative der UN 229

Keine neuen Verbrennungsmotoren
 mit fossilen Kraftstoffen mehr 238
Deutschland wird Zentralstaat, die
Föderation ist abgeschafft 238
Keine Flüchtlinge mehr in EU-Ländern
erwartet 239
Der Autor dieses Buches Helge Janßen
ist gestorben 239
Oldtimerstreit entbrannt 240
Alle Kern-KW (AKW) Deutschlands
sind abgeschaltet 241
Autonomes Autofahren nur auf
Autobahnen 242
Raketenkatastrophe in Nordkorea 244
2040
EU und UN starten Aktion
„Wir retten Afrika" 250
Keine Braunkohle-Kraftwerke mehr
 in Deutschland in Betrieb 253
Anzahl der Verkehrsunfälle
drastisch gesenkt: Über 50%
weniger Tote! 254
Nord- und Südkorea feiern
Wiedervereinigung 255
Waffenexporte aus Deutschland
drastisch eingeschränkt 257
Atommüll-Lager der Welt im
Marianengraben beschlossen? 259

11

Private Waffen fast überall geächtet! 263
Revolution bei der Energiegewinnung
aus biologischen Vorgängen 264
2050
In Deutschland keine neuen Autos mit
Verbrennungsmotoren 266
Migranten kehren freiwillig in
Heimatländer zurück 267
Rekord der Vernunft – Eintrittsalter der
Politiker immer jünger! 267
Energiekrise beseitigt? In Afrika werden
keine Solarparks für Europa gebaut! 269
2060
Keine Thermal-KW mehr in Betrieb 270
Weltklima stabil bei +Null 0 Grad!
2070
Alle ehemaligen „Schurken" sind tot 271
Kein Hunger mehr, Nahrung für alle? 273
Alle Meere sauber mit Plastikpfand? 275
2080
Weltbevölkerung stoppt bei 20 Mrd? 278
2090
Erfreulich. Nahezu alle Staaten der Welt
sind in den UN 280

2100 -2118
Atommächte handeln Geheimpapier aus.
Ist das Ende aller Atomwaffen nah? 281

Schlusswort

Denn wir alle sind ja nur Nanokrümel
im unendlichen All 293

Vorwort

Hallo liebe Erde und herzlichen Glück-wunsch zum Geburtstag!

Und - wie geht es Dir?

Geologen (das sind Leute, die alles über alte Steine wissen) sagen, dass Du gerade 4 Komma 6 Milliarden Jahre alt geworden bist. Donnerwetter!

Natürlich kann sich niemand auf unserer Erde diesen Zeitbegriff auch nur annähernd vorstellen. Auch ich bin nur so ein einfacher Erdenbürger, der versucht, Dich und Dein Befinden im Erdenjahre 2118 – also von jetzt an in 100 Jahren zu betrachten. Warum ich das mache? Tja – weißt Du:

Viele von uns hier - und ich eben auch - glauben, dass es Dir nicht mehr besonders gut geht. Und das, seit wir sogenannten Menschen Dich bewohnen. Ja – ich glaube nämlich, dass unser Erscheinen für Dich so eine Art GAU, also wie wir Erdenmenschen sagen, ein größtes anzunehmendes Unglück war.

Ach komm – nur keine falsche Bescheidenheit. Du hast es doch auch längst selber gemerkt!

Seit es uns gibt – also das war so vor ungefähr 500 Millionen Jahren – haben wir Dich doch nur schlecht behandelt.

Zuerst haben wir das Feuer entdeckt und fackeln seitdem Deine Wälder ab.

Dann rollte zufällig irgendwo ein Baumstamm einen Hang hinunter und – huch! - seitdem besitzen wir das Rad, rasen darauf durch die Gegend und haben keine Zeit mehr.

Mit dem Pulver eines Mönchs namens Berthold Schwarz begann eine neue Zeit des Tötens von Tier und Mensch: Ein kurzes „Peng" am Abzug und das war's.

Von der Erfindung der Dampfmaschine bis zum Düsenjäger vergingen nur gut 200 Jahre, ohne dass wir jetzt etwa bequemer reisen könnten: Wir stehen entweder im Stau oder kauern wie Sardinen in der Büchse im Economy-Flieger.

Trotz Telefon und Internet verstehen wir uns nicht besser, als zu Zeiten der Buschtrommel – stattdessen reden wir meist aneinander vorbei.

Wir räubern und verballern die begrenzten Quellen Deiner reichen Natur aus Erdgas, Öl, Wasser und Kohle und verpesten damit unsere eigene Atemluft.

Auch bohren wir ständig neue Löcher in Deine Rinde um seltene Erden für die Herstellung von Millionen Handys zu finden, mit denen die schwachsinnigen Egomanen unter uns sinnentleerten Blödsinn austauschen.

In einigen Meeren der Welt ersaufen gerade hunderttausende von Flüchtlingen, die von den Regierungen ihrer Heimatländer weder wertgeschätzt noch beschützt oder gar ernährt werden.

In allen Meeren der Welt wabern Millionen Tonnen von Müll umher, den wir – die Menschen – laufend erzeugen und sorglos entsorgen. Er findet sich in den Mägen der Fische und Säugetiere, die elendig daran verrecken oder sie gelangen über die Nahrungskette wieder zurück in unser Essen.

Eine der sieben wichtigsten Weltreligionen gebar kürzlich eine blutrünstige Mörderbande, die seither eine Million friedliebender Bürger abschlachtete, weil die kein Arabisch sprachen oder ihren Gott Allah nicht gut fanden.

Die Welt von heute ist immer noch in mindestens zwei Hälften gespalten: in den reichen Norden und den armen Süden. Man schaut einander herablassend an. Ein Ausgleich zwischen reich und arm wäre dringend nötig, ist aber nicht in Sicht. Im Gegenteil:

Die Reichen und die Armen hassen sich nicht nur. Sondern sie bedrohen sich gegenseitig mit den schlimmsten Waffen, über die die Menschheit verfügt. Es ist lediglich der Angst der Atommächte dieser Welt vor der gegenseitigen Vernichtung geschuldet, dass sich noch keiner getraut hat, nochmal auf den roten Knopf zu drücken. Hiroshima und Nagasaki haben genügt. Der Schrecken sitzt immer noch tief. Und dennoch genügt das derzeit verfügbare und einsatzbereite Arsenal an Atom- und Wasserstoffwaffen, um weite Teile der Welt in Schutt und Asche zu legen und gleich Milliarden von Menschen zu töten.

Aus allen diesen Gründen (und noch etlichen mehr) muss deshalb endlich und vernünftig gehandelt werden.

Du – unsere Mutter Erde – brauchst dringend Erholung und Frieden.

Wir, die Menschen, auch.

Wo ist der Weg? Wann geht es endlich los? Und wie lange dauert es?

Schlaue Wissenschaftler der Philosophie haben uns Menschen doch tatsächlich mal die „einzigen intelligenten, denkenden und vernunftbegabten Lebewesen" auf Erden genannt.

Das Multigenie Albert Einstein indes meinte: „Zwei Dinge sind unendlich, das Universum und die menschliche Dummheit, aber bei dem Universum bin ich mir noch nicht ganz sicher."

Ja – was denn nun?

Wer stirbt zuerst?

Das Universum?

Oder der Mensch?

Was die Welt braucht ist eine allmächtige Instanz aus klugen Menschen, die uns alle dazu zwingt, vernünftig zu sein. So einfach ist das! (Und so schwierig…).

Die Grundbedürfnisse der Menschen

Egal, wo Menschen auch leben, so haben sie doch alle „nur" fünf wichtige Bedürfnisse: Es sind:

gesundes Essen und
sauberes Trinkwasser,
ein Dach über dem Kopf,
Gesundheitsfürsorge,
Glaubensfreiheit und
Sicherheit.

Diese Grundbedürfnisse zu erfüllen, muss die vornehmste und selbstverständliche Aufgabe eines jeden Staatenlenkers sein und zwar ohne Ansehen der Person des Bürgers.

Das bedeutet: Gleich ob jemand Frau oder Mann, jung oder alt, klug oder dumm, fleißig oder faul, gesund oder krank ist, so muss der Staat seinem Bürger einen menschenwürdigen Lebenswandel ermöglichen. Im Einzelnen be-deutet dies, dass der Staat jedem Bedürftigen eine Zuwendung gewähren muss, die Essen und Trinken, Wohnen und ärztliche Betreuung sowie die Sicherheit für Leib und Leben gewährleisten. Jeder Bürger muss daher einen Anspruch auf eine minimale Grundsicherung haben und dies sogar dann, wenn er sich nichts mehr wünscht als einfach nur zu leben, ohne zu arbeiten.

Eine derartige Grundsicherung darf allerdings nicht als Geldzuwendung gewährt werden, sondern nur durch die Bereitstellung von Wohnraum und - in Form von Gutscheinen - für Lebensmittel, die nicht als Genussmittel gelten.

Im Gegenzug darf der Staat erwarten, dass der Bürger sich ihm gegenüber solidarisch verhält, die Gesetze achtet und sich nicht strafbar macht.

Außerdem muss das öffentliche Betteln unterbunden werden – es ist kein Aushängeschild für einen Wohlfahrtsstaat.

Die Pflicht zur Grundsicherung endet, sobald die Bedürftigkeit entfällt, so z.B. bei Aufnahme einer bezahlten Beschäftigung. Das muss dem Staat unaufgefordert vom Bezieher der Grundsicherung und vom Arbeitgeber gemeldet werden!

Die überwiegende Mehrheit der Menschen, die mehr wollen, weil sie mehr können, dürfen dies selbstverständlich jederzeit tun. Doch auch für sie gilt natürlich der Grundsatz der Solidarität zum Gemeinwesen ihres Staates. Sie müssen redlich sein und redlich handeln!

Manche scheinen das nicht zu wissen:

Die Großverdiener unter den Selbständigen zum Beispiel, die sich allzu oft an den Gesetzen der Allgemeinheit vorbei Vorteile zu verschaffen suchen. Unredliche Geschäfte, Steuerbetrug, Insolvenzverschleppung, Finanztransfers in Steueroasen, die Staatsanwälte und Richter beschäftigen und auch Versuche zu anrüchigen Händeln mit der Justiz bedürfen strengerer Gesetze und deren unerbittlicher Durchsetzung!

Betrachten wir die Welt von heute, so erkennen wir schon bald, wie es um die Erfüllung der Grundbedürfnisse der Menschen bestellt ist.

Wer häufig auf Reisen ins Ausland geht, und das wird immer mehr zum Zeitvertreib gerade vieler Deutscher, der kann es in den Armenvierteln erleben: Ob in Italien, Spanien, Griechenland, ob in Ungarn, Bulgarien oder gar Marokko oder Tunesien - vielerorts gewahrt man das Elend der Straße. Zerlumpte und zahnlose Männer, bettelnde Frauen mit mageren Kindern, streunende Hunde und Katzen im Straßenmüll – einfach schrecklich!

Viel schlimmer noch geht es Millionen von Menschen in Indien, deren Slums im Schatten der Deponien für den Wohlstandsmüll der Großstädte liegen und deren Kinderscharen unter Lebensgefahr jeden Mülllaster entern, um als Erste die Essensreste der Restaurants zu ergattern.

Am schlimmsten leiden die Bewohner riesiger Landstriche Afrikas unter Hunger und Durst, Krankheit, Siechtum und Tod. Dieser herrliche und reiche Kontinent, den europäische Regierungen durch ihre Kolonialisierungspolitik Jahrzehnte lang ausgebeutet und dann „weggeworfen" haben, kommt einfach nicht auf die Beine.

Es mangelt dort an nahezu allem.

Korrupte Regierungen, deren Repräsentanten in jedem Luxus leben, unterjochen gnadenlos ihre Völker.

Marodierende Banden kriegerischer Warlords schlachten die Bewohner ganzer Dörfer ab.

Großgrundbesitzer brandschatzen Urwälder, um sie in Weideland zu verwandeln.

Den Menschen fehlt es an allem – vorrangig aber an Bildung.

Dazu kommen Probleme mit Übervölkerung, Kinderarbeit und konkurrierenden Religionen.

Die Welt will mit Geld helfen. Aber die regierende Clique kauft sich dafür Staatskarossen und schmiert ihr Militär, das sie beschützt.

Den Anstrengungen von Hilfsprogrammen stehen oft genug zuerst die Blauhelme der UN im Wege, deren Auftrag es ist, die kriegerischen Fronten zu trennen und in Schach zu halten, damit Entwicklungshilfe überhaupt ins Land kommen kann.

Kaum besser sieht es im Norden Südamerikas und in Teilen Mexikos aus. Dort ermorden sich die Drogenbanden gegenseitig und kaum eine Regierung konnte sie bisher befrieden.

Es gibt noch viel zu tun. Aber zunächst müssen sich alle Völker dieser Erde über ihre eigenen Entwicklungsmöglichkeiten klar werden. Im Augenblick scheint dies unmöglich zu sein.

Es gibt zu viel Streit und Zank der Nationen untereinander.

Es wird zu viel geredet und lamentiert, anstatt zu handeln.

Es versucht ein Jeder, seinen Standpunkt zu zementieren, anstatt sich zu bewegen.

Es regiert nicht der Wille zum Kompromiss, sondern der um die Erhaltung der eigenen Macht.

Wer hat den Schlüssel zum Erfolg?

Wer macht den Anfang des guten Beispiels?

Wer denkt an sein Volk zuerst und an sich selbst zuletzt?

Wer gibt nach und verzichtet?

Wer schart die Guten um sich?

Wer kämpft gegen das Böse?

Wer macht den ersten, den entscheidenden Schritt?

Die (Un) - Vernunft der Menschen.

Der Mensch – einst als Geschöpf Gottes gepriesen und als einziges Lebewesen der Erde als vernunftbegabt verehrt – ist in Wirklichkeit dümmer, als die Polizei erlaubt. Okay – aber: Ist er deswegen auch gleich unvernünftig?

Nein – natürlich nicht. Es sei denn er ist ein Gesetzesbrecher, ein Moralist oder eitel. Das jedoch sind drei Attribute, die kaum jemand für sich reklamiert. Denn wer gibt schon freiwillig zu, dass er sich strafbar macht? Und wer mag zu den Sauertöpfen zählen, die bei jedem zweideutigen Witz erröten? Nicht mal das Dicksein zählt derzeit zum letzten Schrei der Modeschöpfer.

Und dennoch gib es genügend Menschen, die all dies täglich tun und die meisten von uns damit auch noch ärgern. Ach ja - der Volksmund wusste es schon immer: „Alles was Spaß macht is entweder illegal, unmoralisch oder macht dick." Ein paar Beispiele:

Autoraserei:

Manche Autos beschleunigen von Null auf Hundert in 4 Sekunden und können 350 Kilometer pro Stunde zurücklegen, meistens ohne dass es ihre Fahrer jemals wirklich tun. Und wenn doch? Gucken Sie mal da drüben den schwarzen SUV mit den vier Auspuffrohren und den Breitreifen auf Chromfelgen, der ganz vorne an der Ampel steht und auf Grün wartet. Quatsch, nicht auf Grün – auf Gelb! Und jetzt schließt ein knallgelbes Cabriolet daneben zu ihm auf. Ha – wetten dass die Beiden gleich einen Kavaliersstart hinlegen, dass die Gummis kreischen? Da – jetzt spielen sie schon mit den Gaspedalen! Das Cabrio kann´s besser. Und viieeel lauter! Der ist bestimmt schneller, was? Und GELB! Und Vollgas!! Und quiiiietsch!!! Vier himmelblaue Gummiwölkchen hinterlassend donnern die Möchtegernrennfahrer davon. Schade dass die nicht mal den zweiten Gang einlegen müssen, denn die Gerade bis zur nächsten Ampel ist gerademal 150 Meter lang. Und die ist natürlich rot. Nun quietschen acht Scheibenbremsen vier schwarze Streifen und vier neue Gummiwölkchen auf die Fahrbahnen. Zehn Sekunden sind vergangen, vier davon beim Beschleunigen auf Hundert, zwei in freier Fahrt und der Rest zum Bremsen. Die Fahrer sehen sich nicht an, denn das tut man nicht. Das Publikum guckt auch nicht hin – sowas sieht man hier schließlich jeden Tag. Einige Passanten schütteln die Köpfe, zwei ältere Damen tippen sich an die Stirn. Der silberblaue Streifenwagen ganz hinten biegt an der Ampel ab und ist verschwunden.

Dass die beiden Piloten zwei Sekunden lang hundert gefahren sind, kann niemand beweisen.

Herr Wuttke* muss heute Nachmittag von Hamburg nach Flensburg, um einen eiligen Job zu erledigen: Es geht um tausend Liter Schmieröl für eine Schiffsweft.

Da es dorthin keine Flugverbindung gibt, nimmt Herr Wuttke einen Geschäftswagen seiner Firma. Er wird die Autobahn A7 nehmen und wahrscheinlich in einer guten Stunde an der Förde ankommen. Und am späten Nachmittag wird Herr Wuttke wieder zuhause sein, um mit seiner Gattin zu Abend zu essen und ins Theater zu gehen - es gibt den Lohengrin. Hätte Herr Wuttke den Rat des Garagenmeisters befolgt, dann hätte er den Zug genommen.

*Name frei erfunden

Nun steht Herr Wuttke zum dritten Mal im Stau, diesmal an der Kanalbrücke Rendsburg. Wenn er nicht gerade im Stau steht, dann donnert er mit zweihundert Sachen auf der linken Spur nach Norden.

Und das bei Regen und schlechter Sicht im Gischt der anderen Autofahrer, die auch alle mit zweihundert …

Gegen vier kommt Herr Wuttke – total verschwitzt und genervt - bei dem Kunden an. Man hat ihn dort gegen zwei erwartet, weswegen sein Gesprächspartner inzwischen in einer Konferenz sitzt.

Herr Wuttke wartet eine Stunde, bringt dann mit fliegenden Händen seinen Schmierölvertrag an den Mann und springt um halb Fünf ins Auto. Das bringt ihn mit zweihundertzehn und dreimal Stau in Rendsburg, Bordesholm und Kaltenkirchen um Sieben nach Hamburg.

Lohengrin wartet nicht. Frau Wuttke auch nicht. Um 22 Uhr 34 an diesem Abend erleidet Herr Wuttke im Alter von 53 Jahren seinen dritten Herzinfarkt.

Die Firma schickt einen Kranz…

Der Volksmund wusste es vorher auf Plattdeutsch, aber verständlich:

„Je doller du fohrs´, je eher büst in´ Mors".

Leute kaufen Geländewagen, um damit in Gelände zu fahren, das es gar nicht gibt.

Menschen fressen sich voll und kaufen dann Abnehmpillen.

Raucher rauchen lebensgefährliche Zigaretten aus Packungen mit grausigen Fotos und stecken diese in blickdichte Etuis, damit sie das Grausige nicht mehr sehen müssen.

Viele legen ihr Leben in irgendeiner Gottheit Hand, die es schon richten wird. Und so weiter ...

Wann werden wir so vernünftig, wie wir sein sollten, um verdient gelobt zu werden?

Es muss etwas geschehen, um den Menschen die Augen zu öffnen. Dummheit kann ja leider noch nicht bestraft werden. Deshalb müsste man sie wenigstens öffentlich anprangern.

Doch ist der Begriff Vernunft an sich schon schwer zu fassen.

Die Geisteswissenschaften eines Immanuel Kant, Friedrich Hegel oder Arthur Schopenhauer bemühten sich um Aufklärung der Menschheit mit Begriffen, die kaum ein Laie versteht:

Der Begriff Vernunft bezeichnet in seiner modernen Verwendung die Fähigkeit des menschlichen Denkens, aus den im Verstand durch Beobachtung und Erfahrung erfassten Sachverhalten universelle Zusammenhänge der Wirklichkeit durch Schlussfolgerung herzustellen, deren Bedeutung zu erkennen, Regeln und Prinzipien aufzustellen und danach zu handeln.

Oder etwas volkstümlicher etwa so:

Vernunft steht im Ruf langweilig zu sein.

Vernunft steht im Ruf, nur an Folgen zu denken und dem Leben so die Lust zu rauben.

Vermutet der Mensch einen Vorteil,
dann bleibt er oft lieber unvernünftig.

Vernunft ist das Glück des Ich
bei der Rückkehr in die Wirklichkeit.

Manchmal erscheint es einem fraglich zu sein, ob der Begriff Vernunft überhaupt in jeder Kultursprache des Erdballs vorkommt und ob er dann auch überall gleich verstanden wird.

Die Enzyklopädie Wikipedia nennt eine Größenordnung von etwas mehr als 6000 „lebendigen" Sprachen auf der Erde. Oje!

Den Begriff „Vernunft" verzeichnet das Lexikon aber in lediglich 164 Sprachen als

30

existent. Dennoch kommen wir der Sache jetzt näher:

In den Vereinten Nationen – der UNO - sind derzeit 193 Mitgliedstaaten vereint. 164 davon sprechen ihre eigene Sprache. Die verbleibenden 29 Staaten sprechen die gemeinsamen übergreifenden Sprachen wie Englisch, Französisch, Spanisch, Dänisch, Portugiesisch, Holländisch usw.

Die offiziellen Amtssprachen der UNO sind ohnehin nur Englisch, Französisch, Spanisch, Russisch, Chinesisch und Arabisch.

Damit dürfen wir vielleicht annehmen, dass „Vernunft" als Leitbegriff weiter Kreise der Staatenlenker und ihrer Völker wenigstens bekannt ist. Aber dies genügt offenbar nicht, um die Welt nachhaltig zu verbessern. Der Begriff muss auch gelebt werden!

Es ist deshalb wichtig, dass weltweit schon die Schulkinder mit den Grundsätzen der Vernunft bekannt gemacht werden und frühzeitig das logische Denken und Handeln lernen. Das entsprechende Fach in den Schulen könnte vielleicht „Lebensklugheit"

heißen. Oder auch „Achtsamkeit"?
Oder…

Die Natur der Erde und ihr Schutz

Ein Grundgesetz, das alle Menschen kennen und beherzigen sollten, lautet:

Die Natur braucht uns Menschen nicht. Aber wir Menschen brauchen die Natur.

So einfach diese sparsame Weisheit klingt, so schwerwiegend ist ihre Bedeutung, wenn man sich die Konsequenzen ausmalt.

Unsere Erde hat sich in Milliarden von Jahren von dem hässlichen Staub- und Gasball eines so genannten Urknalls zu einer wundervoll vielfältigen Pflanzen- und Tierwelt entwickelt, die sich ohne den Menschen in den vergangenen 500000 Jahren vermutlich zu einem Gleichgewicht der Kräfte entwickelt hätte, die in sich ruhend immer weiter friedlich bestehen würde. Die Fauna und Flora der Ur-Natur folgte nämlich ausschließlich dem von der Evolution vorgegebenen Befehl der Vermehrung.

Es war also der Mensch, der sich durch sein Eingreifen in die natürlichen Abläufe der Natur – ebenfalls dem gleichen Befehl folgend – unter Evolution etwas anderes als nur Fressen und Zeugen verstand. Das riet ihm jedenfalls seine Intelligenz. Das Dumme an der Geschichte war nur, dass manche Menschen intelligenter waren als andere. Und daraus resultiert bis heute und wahrscheinlich in alle Zukunft der Konflikt der Menschheit, sich nicht vertragen zu können.

Die Klugen kommandieren die Dummen.

Die Starken verprügeln die Schwachen.

Die Großen gucken weiter als die Kleinen.

Und das geht leider noch weiter, wenn es sich potenziert:

Dann kriegen kluge Paare schlaue Kinder.

Dumme Paare …

… und so weiter.

In diesem frühen Stadium der Entwicklung begannen die Menschen unglücklicherweise, sich von den ersten Schöpfern der Religionen verführen zu lassen. Das taten nämlich die Oberschlauen mit dem Auftrag Gottes z.B. im Alten Testament: „Seid fruchtbar und mehret euch, bevölkert die Erde, unterwerft sie und macht sie euch untertan."

34

Sowas kam an bei den Leuten. Es war ein Freibrief für Jedermann, Raubbau zu treiben, denn Religion war ja immer auch weise Lebenslehre, die bei Strafe nicht infrage gestellt werden durfte.

Heute wissen die meisten von uns, dass wir zu weit gegangen sind mit dem Raubbau an den Ressourcen der Erde und dass wir versuchen müssen, umzusteuern.

Aber einige Menschen sind davon nicht zu überzeugen. Sie leugnen selbst wissenschaftlich begründete Wetterkapriolen hartnäckig, wollen nichts von Temperaturwandel und Naturkatastrophen hören, und machen einfach weiter wir bisher.

Hauptschuldig ist die unerschütterliche Selbstüberschätzung mancher Politiker und die unersättliche Habgier mancher Wirtschaftsführer. Solche Personen müssen öffentlich geächtet und mit der Entfernung aus ihrem Wirkungskreis oder mit dem Entzug ihres Einflusses auf die Menschheit bestraft werden.

Das Problem ist, dass es leider noch keine Instanz gibt, die mächtig genug ist, um den Naturschutz endlich und durchgreifend durchzusetzen. Dennoch müssen wir damit beginnen!

Wie wäre es denn zum Anfang mit einer Weltpolizei, die z.B. das Vermüllen der Ozeane mit Plastikabfall erkennt, ächtet und unter hoher Bestrafung strikt verbietet? Papier- anstatt Plastiktüten! Das wäre doch schon mal was…!

Es gibt sogar schon eine Möglichkeit, weit mehr zu tun als nur auf die Mitgliedsbeiträge der 3 Millionen Mitglieder zu bauen, die den weltgrößten Naturschutzverein fördern:

Dieser Verein heißt GREENPEACE

Greenpeace ist eine internationale Umweltorganisation, die mit direkten gewaltfreien Aktionen für den Schutz der natürlichen Lebensgrundlagen von Mensch und Natur und Gerechtigkeit für alle Lebewesen kämpft.

Greenpeace klärt auf, recherchiert und konfrontiert. Die Organisation vertritt dabei die Interessen der Natur und der umweltbewussten Menschen in Politik und Gesellschaft. Dabei geht sie Probleme hartnäckig an - auch gegen Widerstände und über längere Zeiträume. Greenpeace lebt das Recht auf freie Meinungsäußerung, inklusive dem Recht auf Demonstrationsfreiheit, und sucht dabei auch die öffentliche Auseinandersetzung mit Politikern, Konzernbetreibern oder Umweltzerstörern. Durch das Öffentlich machen der Probleme wächst der Druck auf die Verantwortlichen in Politik und Wirtschaft umzudenken und zu handeln.

In Zeiten zunehmender Globalisierung ist Internationalität unverzichtbar - und eine besondere Stärke von Greenpeace. Die Organisation ist mittlerweile in 26 Ländern vertreten und in mehr als 55 Ländern aktiv. Die dafür notwendige finanzielle Unabhängigkeit und politische Durchschlagskraft gewährleisten weltweit mehr als drei Millionen Unterstützer. Allein in Deutschland sind es heute rund 580.000 Menschen, die als Fördermitglieder regelmäßig an Greenpeace spenden.

Um Probleme aufzuzeigen, auf Missstände aufmerksam zu machen und positive Veränderungen einzufordern und herbeizuführen ist für Greenpeace die gewaltfreie direkte Aktion neben anderen Formen der Öffentlichkeitsarbeit ein wichtiges Mittel. Greenpeace konfrontiert mit gewaltfreien Aktionen diejenigen, die Umweltschäden verursachen oder zu verantworten haben - wenn möglich am Ort des Umweltverbrechens. Der provozierende, kämpferische und wenn nötig konfrontative Charakter, das kompromisslose, mutige aber stets gewaltfreie Vorgehen unter vollem persönlichen Einsatz und Risiko ist das Ungewöhnliche an Greenpeace.

Greenpeace bringt nicht nur Umweltskandale ans Licht der Öffentlichkeit, sondern benennt Alternativen und entwickelt Lösungen. So beweist die Organisation immer wieder, dass es anders geht - oftmals sehr zum Ärger der Industrie.

Greenpeace fördert die Weiterentwicklung der Gesellschaft weit über die Umweltproblematik hinaus. Die Organisation ist dabei manchmal auch frech, aber doch ungemein nützlich. Immer wieder gibt es dafür anerkennendes Lob von namhafter Stelle, beispielsweise der UNO, Weltbank oder Regierungen und Behörden. Und zu Recht steht Greenpeace nicht nur im Dienst der Gemeinnützigkeit, sondern bekommt diese auch von staatlicher Seite anerkannt.

Die Basis der Greenpeace-Arbeit ist sorgfältige Recherche. So können Probleme - aber auch die Lösungen dafür - frühzeitig aufgezeigt werden, damit sie rechtzeitig beachtet und bewältigt werden können. Greenpeace leistet deshalb auch eine umfassende Aufklärungsarbeit im parlamentarischen Bereich und setzt sich kritisch mit dem Einfluss von Lobbygruppen auf die Politik auseinander. Wichtiger Ort dafür ist die politische Vertretung von Greenpeace in Berlin.

Die Organisation inspiriert so auf vielen Ebenen der Gesellschaft zu mehr Verantwortung für den Planeten und treibt den Bewusstseinswandel voran. Kooperationen mit Dritten sind dabei möglich, sofern dies tatsächlich hilft. Die Unabhängigkeit von Greenpeace darf dadurch aber nicht berührt werden.

Für Natur und Umwelt gibt es nach wie vor keinen ausreichenden Rechtsschutz. Landschaftsverbrauch, nachhaltige Umweltbelastungen und kurzfristige Wirtschaftsinteressen haben häufig noch Vorrang. Wo zum Schutz der hochrangigen Rechtsgüter Menschenrechte und Umweltschutz kein effektiver Rechtsschutz zur Verfügung steht, dürfen diese Rechte unmittelbar verteidigt werden. Für Greenpeace ist es Pflicht, fundamentale Lebensrechte und damit die

Lebensgrundlagen auch nachfolgender Generationen zu verteidigen und dabei notfalls in Konflikt mit bestehenden, untergeordneten Rechtsnormen zu geraten. Greenpeace-Aktivisten sind deshalb nach sorgfältiger Abwägung bereit zu zivilem Ungehorsam.

Greenpeace nimmt die in offenen demokratischen Gesellschaften anerkannten Konfliktrechte wahr, um Konflikte gegen Regierungen und Unternehmen öffentlich auszutragen. Die Organisation trägt durch dieses Vorgehen nicht unwesentlich zur sogenannten Rechtsfortbildung, also zu positiven Veränderungen beim rechtlichen Schutz der Umwelt bei. Was Greenpeace einst anprangerte, wird heute von Behörden als gesetzeswidrig verfolgt - etwa die Giftmüllentsorgung in Entwicklungsländer, die Verwendung von hormonschädigenden Schiffsanstrichen und die Nicht-Kennzeichnung von Gen-Lebensmitteln.

Greenpeace würde es ohne das Angagement vieler Menschen nicht geben.

Dieser Verein sollte umgehend mit weitreichenderen Aufgaben des Naturschutzes beauftragt werden, zum

Beispiel mit der ständigen Beobachtung der von Menschen verursachten Umweltschäden in aller Welt und sofortiger Anzeige bei den Strafverfolgungsbehörden!

Dazu muss jedoch die Einnahmesituation des Vereins deutlich verbessert werden. 270 Millionen Euro Jahreseinnahmen erscheinen dem Betrachter zu wenig für drei kleine hochseetaugliche Schiffe zur Überwachung der Meere und 2500 Mitarbeiter mit Vertretungen in 26 Ländern und tätig in 55 Ländern weltweit.

Eine der Möglichkeiten besteht in der direkten Zuwendung von staatlichen Mitteln durch den Beitritt zum Verein. So könnte die Bundesrepublik Deutschland ordentliches Mitglied bei Greenpeace e.V. werden und einen Mitgliedsbeitrag von beispielsweise einer Milliarde Euro leisten.

Die Energiequellen der Welt

Der gesamte Energiebedarf der Menschheit muss und kann künftig aus erneuerbaren Energien gedeckt werden, die unsere Erde für uns bereithält. Die erneuerbaren Energien müssen die fossilen Energien Kohle, Erdöl, Erdgas und auch die Atomkraft ersetzen!

Die drei wichtigsten und in beliebiger Menge vorhandenen Energielieferanten sind die Sonne, das Wasser und der Wind.

Die tröstlichste Nachricht für die ganze Welt bezüglich der Deckung ihres Energiebedarfs stammt aus diversen Forschungsarbeiten. Sie kommen alle zu dem Schluss, dass die auf die Erde eingestrahlte Sonnenenergie mehr als dem Zehntausendfachen des aktuellen menschlichen Energiebedarfs entspricht. Na bitte!

1. Die Sonne

Die Sonne liefert uns unvorstellbar viel Energie. Es trifft genug Strahlungsleistung auf die Erde, um unseren Gesamtenergiebedarf circa 10.000-mal zu decken. Die Sonne scheint seit circa fünf Milliarden Jahren und wird das weitere fünf Milliarden Jahre lang tun. Damit steht sie uns auch in Zukunft als riesige, kostenlose Energiequelle zur Verfügung, die „keine Rechnung schickt"!

In diesen Ländern liegen die größten Wüsten der Erde, über oder in denen meist die Sonne scheint:

Die Sahara in Ägypten, Mali, Algerien, Libyen, Niger, Tschad, Sudan, Tunesien, Mauretanien.

Die Wüste Gobi mit den Teilwüsten Bejshan und Alashan in der Mongolei der Volksrepublik China.

Die Kalahari in Botswana, Namibia, Südafrika.

Die Rubal-Chali (Arabische Wüste) in Saudi-Arabien, Oman, Jemen.

Die Patagonische Wüste in Argentinien.

Die Great Basin Wüste in USA (Colorado, Utah).

Die Syrische Wüste in Syrien, Jordanien, Irak, Saudi-Arabien.

Die Chihuahua in Mexiko/USA.

Die Karakum in Turkmenistan.

Die Great Victoria Wüste in West- und Süd-Australien.

Die Taklamakan mit337 000 km²   in der Volksrepublik China.

Die Kysylkum in Usbekistan, Kasachstan.

Die Große Sandwüste in Westaustralien.

Die Thar Wüste, in Indien, Pakistan.

Die Sonora Wüste in USA (Kalifornien)/Mexico.

Die Simpson Wüste in Zentralaustralien, Queensland.

Die Lut Wüste im Iran

Die Gibson Wüste in Westaustralien.

Die Atacama Wüste in Nord-Chile.

Die Danakil Wüste in Äthiopien, Eritrea, Dschibuti im Nordosten von Afrika.

Die Namib Wüste in Namibia.

Die An Nafud Wüste in Saudi-Arabien.

Die Mojave Wüste in USA.

Die Negev Wüste in Israel.

Die Gesamtfläche der vorstehend aufgelisteten Wüsten der Welt liegt bei rund 19 Millionen Quadratkilometern. Sie ergibt eine elektrische Solarleistung von 18 Terawatt, das sind 18×10^{12} Watt oder 180 000 000 000 Watt und damit könnte man bereits heute die ganze Erde mit Strom versorgen.

Wat? Ja!

Doch das ist noch ein Trugbild, dem sowohl die elektrischen Verluste der Anschlussleitungen von den Solarfeldern bis zu den Verbraucherländern fehlen als auch die Sicherheit der Sonnenparks.

Diese liegen nämlich zu einem Großteil in z.Zt. politisch unsicheren Gegenden wie Nordafrika, dem Nahen Osten sowie Russland, Indien/Pakistan und Malaysia. Es ist z.Zt. nicht auszuschließen, dass diese Staaten als Stromlieferanten berechenbar zuverlässig handeln, sondern jederzeit den Schalter umlegen könnten, um die Stromabnehmerländer zu erpressen.

Des Weiteren braucht es zum störungsfreien Betrieb riesiger Solarparks zuverlässiges Personal für die Wartung, Pflege und Reinigung der Flächen sowie der Bedienung der Umspannwerke. Dazu sollten am besten Techniker der Liefer- und Aufbaufirmen im Sonnenland leben und arbeiten. Denkbar erscheint es aber auch, die gesamte Überwachung und Steuerung digital per Fernwartung aus den Abnehmerländern zu bewirken.

Ähnliche Probleme könnte es auch mit den Ländern geben, die die Verlegung der

Stromleitungen über ihr Gebiet gestatten müssten, ohne selbst Stromabnehmer zu sein. Sie werden dafür mindestens Gebühren verlangen.

Schlussendlich wird die Konsequenz lauten, dass die Erzeugung und die Weiterleitung elektrischer Energie ausschließlich in demokratisch regierten Staaten möglich sein werden, die möglichst auch in Staatenverbunden ähnlich der Eurozone liegen. Die meisten dieser Staaten sind schon jetzt diejenigen mit den hochindustrialisierten Volkswirtschaften. Sie liegen aber überwiegend auf der nördlichen Hälfte des Erdballs und damit leider weit entfernt von den Solarfeldern.

Trotz derartiger Bedenken ist ein Zusammenschluss europäischer Firmen aus 16 Ländern „Desertec" – in Deutschland unter anderem RWE, Eon, Bosch, die Deutsche Bank und MunichRe sowie der italienische Energiekonzern Enel, Spaniens Abengoa und der saudische Versorger Acwa Power dabei.

Mehr als eine halbe Million Parabolspiegel sammeln inzwischen in der gigantischen Anlage in Ouarzazate die Kraft der Sonne. Bis 2020 will das Königreich

Marokko vier Gigawatt Strom aus erneuerbaren Energien produzieren. Man wird sehen...

2. Der Wind

Zugegeben: Sie sehen nicht schön aus und verschandeln manchem Ästheten den An – und Ausblick. Sie gefallen auch den Zugvögeln nicht. Und ihr Wirkungsgrad ist wegen der zerklüfteten Erdoberfläche auch nicht eben ideal.

Deshalb weichen die Betreiber der Windkraftanlagen immer öfter auf die Meere aus, wo sie immer größere Propeller an immer höheren Masten installieren, um den stärkeren und gleichmäßigeren Wind der freien See auszunutzen zu können.

Obwohl man sie dort nun nicht gerade mitten in die Fahrwasser der Berufsschifffahrt baut, stören sie doch die Unterwasserlebewesen, die Seefischerei und den Hochseesport der Segelyachten erheblich.

Und schließlich erfordert die Wartung und Reparatur solcher Windmühlen auf Hoher See sehr spezielles Personal und Spezialschiffe, die dennoch wegen des manchmal widrigen Seewetters nicht jederzeit daran arbeiten können.

Ganz neue Perspektiven zur Stromerzeugung oberhalb der Erd- oder Wasserflächen scheinen uns die sogenannten Flugwindkraft- Projekte, die seit einiger Zeit erprobt werden, zu bescheren.

Dabei handelt es sich um Fesselballons oder Flugdrachen, die in erheblich größeren Höhen arbeiten als die heutigen Windmühlentürme. Der von solchen Flugwindkraftgeräten erzeugte Strom würde von Kabeln abtransportiert, die gleichzeitig die „Drachenschnüre" wären.

Ihr größter Vorzug wäre die Ausbeutung der in größerer Höhe erheblich zunehmenden Windgeschwindigkeit, die in der dritten Potenz steigt.

Wenn es also gelänge, einen Windrotor anstatt in hundert Metern Höhe an einem Mast in zweihundert Metern Höhe an einem Fluggerät zu betreiben, dann würde die Windgeschwindigkeit dort oben nicht doppelt sondern achtfach auf den Rotor wirken. Das würde die Stromausbeute um den gleichen Faktor erhöhen.

Solche Projekte werden derzeit in verschiedenen Varianten von mehreren

Hightech-Firmen weltweit erprobt. Wir dürfen gespannt sein, wann das erste Flugwindkraftwerk über der deutschen Nordsee (oder wo auch immer) schwebt.

3. Das Wasser:

Stromerzeugung aus Wasserkraft hat eine lange Tradition: Schon 1880 baute man in Nordengland ein Wasserkraftwerk, mit dem elektrische Energie gewonnen wurde.

Heute werden weltweit bereits unzählige derartige Bauwerke, die zumeist den Fluss des Wassers aus Wasserfällen, strömenden Flüssen und einige wenige auch aus Tidengewässern unter Ausnutzung von Ebbe und Flut betrieben.

Die Betreiber der größten Wasserkraftwerke sind die Volksrepublik China, Kanada, Brasilien, USA, Russland, Indien, Venezuela , Japan und Schweden.

Wasserkraftwerke werden überwiegend durch das Aufstauen von Flüssen zu Stauseen erbaut, in deren Staudämmen sich die Turbinen mit den Generatoren zur Stromerzeugung befinden.

Durch diese Bauweisen ergeben sich aber zwangsläufig umfangreiche Eingriffe in die Natur. Man kann sie in China sehen, wo der gewaltige „Dreischluchtenstaudamm" in die Landschaften und damit auch in das Wettergeschehen, die gesamte Ökologie und die Menschen eingriff, die zu Tausenden ihre Heimstätten verloren und umgesiedelt werden mussten. Hinzu kamen bald riesige Probleme mit den Sedimenten und dem Müll, den der gewaltige Strom des Flusses Jangtse mit sich führt und der die Turbinen verstopft. Andere Staaten wie die USA nahmen deshalb von der Realisierung solcher Riesenbauwerke Abstand.

Allgemein kann festgestellt werden, dass die Energiegewinnung durch Wasserkraftwerke aber weitgehend abgeschlossen ist.

Die installierte Wasserkraft lieferte 2016 bereits 16,6 % des Weltbedarfes an elektrischer Energie und rund 2/3 der gesamten Stromerzeugung aus erneuerbaren Quellen, die wiederum 24,5 % des Weltstrombedarfes deckten. Aktuell wird erwartet, dass im kommenden Jahrzehnt nur noch insgesamt 180 Gigawatt hinzugebaut werden, weil neue derartige Bauwerke zunehmend durch ökologische Bedenken ausgebremst werden.

Einen gänzlich neuartigen Ansatz zur ökologisch weitgehend unbedenklichen Nutzung von Wasserkraft stellt allerdings die Erzeugung von Strom in Abwasserkanälen mit Turbinen dar, bei denen sich weder Eingriffe in das Landschaftsbild noch Beeinträchtigungen von Fischwegen ergeben.

Der letzte Schrei scheint augenblicklich die Nutzung von Ozeanwasser in tiefen Meeresgebieten zu sein. Dort reicht eine Temperaturdifferenz von 20 Grad zwischen Oberflächen- und Tiefenwasser aus, um Wasserströmungen zu erzeugen, die Turbinen und Generatoren antreiben.

4. Alternative Energieträger

Neben den oben genannten fossilen Energieträgern Kohle, Erdöl und Erdgas kommen zunehmend auch andere neue Energiequellen in den Fokus der Forschung.

So könnte beispielsweise herkömmliches Kerosin als Flugzeugtreibstoff demnächst aus Bio-Materien wie z.B. Algen erzeugt werden, das zwar nicht regenerierbar ist, jedoch kaum noch Schadstoffe enthält. Der Zeithorizont für die Einführung derartiger Treibstoffe soll etwa beim Jahr 2035 liegen.

Bezüglich der Atomkraft als Energieträger bestehen nach wie vor erhebliche Bedenken gegen deren Weiterverwendung wegen möglicher Bedrohungen der Menschheit bei Störungen wie z.B. in Fokushima und der nicht geklärten Probleme mit der Entsorgung hochradioaktiven Abfalles.

Alle Atomkraftwerke sollten daher schnellstmöglich abgeschaltet und deren Leistung durch erneuerbare Energien ersetzt werden. Wir brauchen sie einfach nicht!

Die Sparpotentiale der Menschen an Energie

Es ist höchst erfreulich zu sehen, wie wir Menschen bereits erfasst haben, wo wir Energie gedankenlos oder gar in Unkenntnis verschwendet haben.

Jetzt wird verstärkt aufgeklärt, technisch nachgebessert und gespart:

Alte Häuser erhalten Dämmungen der Außenwände und moderne Fenster und Türen um Wärmeverluste zu minimieren.

Elektrogeräte aller Art werden deutlich sichtbar in Effizienzklassen von A bis AAA+ gekennzeichnet und gerne gekauft.

Haus- und Wohnungsheizungen enthalten heute moderne Ölbrenner mit besserer Zerstäubung und Energieeinsparung durch fern- oder zeitgesteuerte Thermostate.

Viele Hausfrauen wissen, dass sie für einen Becher Kaffee nicht gleich einen ganzen Liter Wasser zum Kochen bringen müssen.

Flugzeuge von heute verbrauchen durchweg 30 % weniger Kerosin als noch vor zehn Jahren und sind zudem deutlich leiser. Erreicht wird dies durch erheblich leichtere Maschinen, die aus modernen

Verbundwerkstoffen und -Materialien bestehen und cleverer konstruiert sind.

Die gesamte Telekommunikation verbraucht durch die Einführung der Halbleitertechnik in den letzten 50 Jahren geschätzt 50% weniger Strom.

Es ist höchst unerfreulich zu erkennen, dass sich der Energieverbrauch in manchen Branchen und Bereichen praktisch nicht bewegt hat.

Automobilmotore verbrauchen durch moderne Konstruktionsmethoden wie Turboaufladung zwar deutlich weniger Benzin, was aber durch vollkommen unvernünftige Leistungssteigerung zum Erreichen höherer Beschleunigung und höherer Endgeschwindigkeiten eliminiert wird.

Hinzu kommen immer neue Zusatzbauteile zur Erhöhung des Fahrkomforts und der Sicherheit wie z.B. Klimaanlagen, elektrische Fensterheber und Sitzverstellungen, Allradantriebe, Rückfahrkameras sowie aufwendige Soundsysteme für Quadrophonie und Bildschirme aller Art, die das Gewicht der Fahrzeuge deutlich erhöhen können.

Deutschland ist auch das einzige Land der zivilisierten Welt*,

auf dessen Straßen immer noch hemmungslos gerast werden darf. Das kostet nicht nur Menschenleben, sondern auch viel mehr Treibstoff als nötig.

Die von der Autoindustrie glorifizierten Begriffe wie „Hybrid" und „plug in" sollen modern klingen und sowohl den Treibstoffverbrauch als auch den Schadstoffausstoß der Motoren verbessern.

Sie erhöhen jedoch das Gewicht wegen der größeren Batterien und der zusätzlichen Elektromotoren abermals. Zudem kommt der Strom immer noch aus der häuslichen Steckdose und damit aus einem Kraftwerk.

Wobei wir schon bei der nächsten „Dreckschleuder" angekommen sind:

*außer den indischen Bundesstaaten Vanuatu, Pradesh und Uttar sowie Nepal, Myanmar, Burundi, Bhutan, Afghanistan, Nordkorea, Haiti, Mauretanien, Somalia und den Libanon.

Die immer noch in Betrieb befindlichen Braunkohlekraftwerke mit ihrem schlechtem Wirkungsgrad und dem hohem Schadstoffausstoß verpesten unsere Atemluft. Sie gehören schnellstens abgeschaltet!

Das tun auch die immer noch betriebenen Schiffsmotoren mit ihren hochgiftigen Schweröltreibstoffen.

Die Höchstgeschwindigkeit der Autos muss endlich auf 130 km/h auf Autobahnen, 100 Km/h auf Bundesstraßen und 30 km/h in Wohnvierteln der Städte gesenkt werden.

Moderne Autos müssen ihre Geschwindigkeit per Ortsschilderkennung automatisch herunterregeln.

Der Elektroantrieb von Kraftfahrzeugen muss beschleunigt vorangetrieben werden, um teure Erdölprodukte einzusparen und die Umwelt zu entlasten. Der beschleunigte Rückbau von Thermokraftwerken zugunsten der Nutzung erneuerbaren Energien muss vorangetrieben werden.

In allen Großschiffshäfen müssen elektrische Landstromanschlüsse geschaffen werden, um Luftverschmutzung und Lärm der Dieselgeneratoren während der Liegezeiten zu minimieren.

Die Schifffahrt muss weltweit auf saubere Kraftstoffe wie z.b. LNG Flüssigerdgas umgestellt werden und/oder Solarenergie z.b. durch Sonnenzellen auf den Ladeluken und Decks nutzen.

Der Rückbau von Atomkraftwerken muss beschleunigt werden, weil die Gefährdung der Menschen und der Umwelt durch Unglücke mit dem Alter der Kraftwerke zunimmt, und weil die Lagerung der Rückstände verbrannter Brennstäbe immer drängender wird.

Die Bildung der Menschheit

Bildung ist ein Menschenrecht. So steht es in der Charta der Vereinten Nationen von 1948.

Bildung ist die Voraussetzung für die Ertüchtigung eines jeden Menschen zu einem wertvollen Mitglied der Weltgemeinschaft.

Bildung und Armut sind unmittelbar miteinander verkoppelt.

Um die Bildung der Menschheit steht es katastrophal schlecht!

In den ärmsten Ländern Afrikas erhalten 70 % aller Kinder keine Schulbildung, weil sie:

als Hilfskräfte bei der Feldarbeit oder als Wasserträger gebraucht werden

der Schulweg zu weit ist

es keine Schule weit und breit gibt

die Eltern kein Geld für Schulmaterial haben

die Schulen wegen Bürgerkriegen oder Terrorismus geschlossen sind

es nicht genügend Lehrer gibt

Weitere Gründe für die Benachteiligung der Kinder sind:

58

Das Geschlecht. Mädchen werden Jungen gegenüber benachteiligt.

Die Religions- und Stammeszugehörigkeit

Die Hautfarbe, Behinderungen, Kleinwuchs, Missbildungen, Ausschläge usw.

Die ärmsten Länder dieser Welt liegen laut Bericht der UNESCO weit zurück auf dem Weg zu chancengerechter und hochwertiger Bildung. Berechnungen zufolge werden sie eine Grundschulbildung für alle Kinder erst 100 Jahre später als die reichsten Länder dieser Welt verwirklichen.

Der UNESCO-Weltbildungsbericht 2016 zeigt, dass bei anhaltenden Trends erst im Jahr 2042 alle Kinder weltweit eine Grundschulbildung erhalten werden.

Aber auch wohlhabende Länder müssen deutlich mehr in Bildung investieren. Kein Land in Europa und Nordamerika wird es nach aktuellen Trends bis zum Jahr 2030 schaffen, allen Jugendlichen einen Abschluss im Bereich der oberen Sekundarschulbildung I – das ist ein Abschluss vor der neunten Klasse - zu ermöglichen.

Auch anhaltende Ungleichheiten in Bildungssystemen weltweit stehen im Fokus:

Nur ein Prozent der ärmsten Mädchen und Frauen in ländlichen Gebieten schließen derzeit die obere Sekundarschulbildung ab und lediglich sechs Prozent der Erwachsenen in den ärmsten Ländern nehmen an Alphabetisierungskursen teil.

Wer weiß denn, dass weltweit rund 800 Millionen Menschen absolute Analphabeten sind?

Selbst in Deutschland gibt es 7,5 Millionen „funktionale" Analphabeten. Das bedeutet, dass ihre Lese- und Schreibfähigkeiten weit unter den in unserem gesellschaftlichen Alltag benötigten liegen. Ihre Fähigkeiten liegen meist auf dem Niveau eines Erstklässlers. Oft können die Betroffenen einzelne Wörter erkennen, doch bei längeren Sätzen oder gar ganzen Texten geraten sie ins Stocken. Auch verstehen sie nicht immer, was sie gerade gelesen haben.

Eine der zentralen Baustellen auch unseres Bildungssystems ist der Abbau anhaltender Ungleichheiten aufgrund sozio-ökonomischer Herkunft, Migrationshintergrund, Geschlechtszugehörigkeit oder Behinderung.

Der UNESCO-Bericht macht deutlich, dass selbst ein langsamer Fortschritt im Bildungsbereich in den nächsten 15 Jahren einen erheblichen Einfluss auf die Verwirklichung zentraler Entwicklungsziele hat. Bildung trägt beispielsweise entscheidend zum Bewusstsein für den Klimawandel bei. Dennoch werden der Klimawandel und weitere Umweltveränderungen weltweit lediglich in der Hälfte aller Lehrpläne genannt. Nur 40 Prozent der 15-Jährigen in OECD-Ländern* haben grundlegende Kenntnisse über ökologische Fragestellungen und Themen.

Auch bei der Beseitigung von Armut spielt Bildung eine entscheidende Rolle. Das Erreichen einer universellen oberen Sekundarschulbildung in Entwicklungsländern könnte das Pro-Kopf-Einkommen bis 2030 um 75 Prozent erhöhen und 60 Millionen Menschen den Weg aus der Armut ermöglichen.

Bildung ist nicht zuletzt unabdingbare Voraussetzung für eine effektive Gesundheitsvorsorge.

Mit einer angemessenen Bildung von Frauen aus Subsahara-Afrika beispielsweise könnte zwischen 2050 und 2060 der Tod von 3,5 Millionen Kindern verhindert werden.

Die Autoren des Weltbildungsberichts bemängeln, dass eine chronische Unterfinanzierung Fortschritte im Bildungsbereich erheblich behindert.

Um die Finanzierungslücke zur Erreichung hochwertiger universeller Grundschul- und Sekundarschulbildung bis zum Jahr 2030 zu schließen, müssten sich die Budgets um ein sechsfaches erhöhen.

Um den Status Quo besser messen und entsprechende Maßnahmen zur Bildungsförderung entwickeln zu können, schlagen die Autoren des Berichts eine international vergleichbare Haushaltsbefragung vor, mit der zentrale Ursachen für Ungleichheiten in der Bildung wie Armut, Behinderung, sozioökonomischer Status und Sprache erhoben werden können.

Die Vereinten Nationen haben im September 2015 Ziele nachhaltiger Entwicklung (SDGs) für die gesamte Staatengemeinschaft verabschiedet. Integraler Bestandteil der SDGs ist eine globale Bildungsagenda für die Jahre 2016 bis 2030. Das Bildungsziel innerhalb der nachhaltigen Entwicklungsagenda lautet:

„Bis 2030 für alle Menschen inklusive, chancengerechte und hochwertige Bildung sicherstellen sowie Möglichkeiten zum lebenslangen Lernen fördern." Die UNESCO koordiniert die Umsetzung dieses Ziels und ist für das Monitoring verantwortlich.

Die dringende Notwendigkeit der Verbesserung von Bildung liegt also auf der Hand.

Das größte Problem scheint aber zu sein, dass die Regierenden mancher der ärmsten Länder gar kein Interesse an der Fortbildung ihrer Bürger haben. Sie fürchten nämlich die Erkenntnis des Volkes, dass es bewusst ungebildet gehalten wird, um jeden Gedanken an Ungehorsam oder gar Revolutionen im Keim zu ersticken. Solche Regierungen müssen nicht nur gemahnt sondern dazu gezwungen werden, sich den Richtlinien der UNESCO unterzuordnen.

*OECD-Länder: Die Organisation für wirtschaftliche Zusammenarbeit und Entwicklung. Die meisten OECD-Mitglieder gehören zu den Ländern mit hohem Pro-Kopf-Einkommen und gelten als entwickelte Länder

Drei Vorhaben stehen im Vordergrund:

1. Den Staatenlenkern der Entwicklungsländer muss endlich klargemacht werden, dass sie handeln müssen.

2. Es müssen Schulen gebaut und – allein in Afrika - rund 11000 Lehrer für die Grundschulversorgung ausgebildet und eingestellt werden.

3. Die Schulpflicht muss überall eingeführt werden.

Die Religionen der Welt

Die fünf am weitesten verbreiteten und bekannten Religionen der Welt sind
- das Christentum mit 2,3 Mrd. Mitgliedern
- der Islam mit 1,6 Mrd.
- der Hinduismus mit 0,94 Mrd.
- der Buddhismus mit, 0,46 Mrd.
- das Judentum mit 0,015 Mrd.

Einst gab es eine Weisheit, deren Gehalt es zu beleuchten lohnt. *Sie stammt von Karl Marx im Jahr 1844 und lautete:*

„Religion ist Opium für das Volk".

Sie bedeutet – heute mit der Vernunft des 21. Jahrhunderts betrachtet – nicht mehr das Gleiche wie zum Zeitpunkt ihrer Äußerung. Damals deuteten die Geistesfürsten das Zitat sarkastisch:

Heinrich Heine, 1843, meinte „Heil einer Religion, die dem leidenden Menschengeschlecht in den bitteren Kelch einige süße, einschläfernde Tropfen goss, geistiges Opium, einige Tropfen Liebe, Hoffnung und Glauben!"

Karl Marx pflichtete ihm quasi bei:

„Die Religion ist eine Art geistigen Fusels, in dem die Sklaven des Kapitals ihr Menschenantlitz und ihre Ansprüche auf ein halbwegs menschenwürdiges Leben ersäufen."

Heute hingegen gilt es – zu mindestens in der sogenannten aufgeklärten Welt - nicht mehr als verwerflich, sich selbst als Atheist zu outen, nämlich als Jemand, der die Existenz einer Gottheit für sich selbst verneint.

In unserem Land war längere Zeit ein deutlicher Schwund an Kirchenbesuchern und Mitgliedern der katholischen und der evangelischen Kirchen zu beobachten, deren Hintergründe aber weitgehend unklar blieben. Es gab schließlich immer Menschen, die sich lieber auf ihr eigenes Geschick verließen als auf eine gütige Gottheit, die „es eventuell schon richten würde". Mit den zunehmenden Erkenntnissen der Wissenschaften über die Entstehung der Welt, die physikalischen und chemischen Vorgänge in der Natur und eigene Beobachtungen der Menschen gab mancher das Beten auf und blieb auch gleich der Kirche fern, was sogar (Kirchen-) Steuern sparte.

Das gewichtigste Argument war und ist jedoch wohl die Tatsache, dass mehr und mehr „moderne" Staaten in ihren Grundgesetzen eine strikte Trennung von Kirche und Staat verankerten. Heute diskutiert man sogar mancherorts – z.B. in Deutschland - schon darüber, ob es den sogenannten „Gottesbegriff" in den Präambeln einzelner Bundesländer noch geben soll oder nicht.

Wie auch immer steht wohl Eines felsenfest:

Diejenigen Volksgemeinschaften unserer Welt, deren politische Verfassungen sich auf die jeweilige Religionszugehörigkeit ihrer Menschen stützen, haben Probleme mit sich selbst.

Die allergrößten Probleme mit sich und dem Rest der Welt aber haben die Länder des Islam.

Die Geschichte beweist es sonnenklar:

Erst nachdem das heutige Europa ebenso wie die Großreiche am Mittelmeer ihre Religionskriege mit den schrecklichsten Meucheleien von Millionen von gläubigen (oder eben ungläubigen) Menschen hinter sich gebracht hatten, gelang es ihnen, funktionierende Staatsgebilde zu formen, in denen die Menschen ohne Ängste um ihr Leben wohnen konnten.

Das ist, wie wir heute wissen und leidvoll erfahren müssen, in manchen Ländern dieser Welt mit Staatsreligionen unmöglich.

Gerade die vergangenen Jahre seit 2001, als in New York die Twin Towers des World Trade Center von gekaperten Flugzeugen zum Einsturz gebracht worden waren, haben eine bis heute andauernde Weltrevolution einer religiösen Macht entstehen lassen, deren Gewalttätigkeit, Mordlust und Zerstörungswut keine Grenzen zu kennen scheint.

Es waren zunächst Gruppen von marodierenden Banden, die unter den Namen Taliban, Boko Haram und Al Quida und dem Oberbegriff des Islam in Afghanistan und Nigeria wüteten. Inzwischen nennt sich die größte Gruppierung „Islamischer Staat".

Die Wochenzeitung Zeit schreibt:

Müssen wir den Islam fürchten? Ja. Gerade wenn wir Muslime sind. Denn wir erleben eine neue Dimension des globalen Dschihad, eine Entfesselung der radikalsten Kräfte des Islams. Ob die militanten Islamisten ihn nun richtig auslegen oder nur für ihre politischen Zwecke missbrauchen, ändert nichts an der Gefahr, die derzeit vom Islam ausgeht.

Die politische Misere in den arabischen Staaten und der wachsende Extremismus machen eine Religion zur Zeitbombe. Zwar ist die Mehrheit der Muslime friedlich. Eine Minderheit jedoch sieht in der Gewalt die Erfüllung eines heiligen Versprechens.

Als die Milizen des Islamischen Staates (IS) vor wenigen Wochen im Irak aufmarschierten, veröffentlichten Anhänger eine Weltkarte des künftigen Kalifats: Jedes Territorium, wo derzeit Muslime leben oder früher lebten, soll innerhalb von fünf Jahren zum IS gehören – halb Asien, drei Viertel Afrikas, Teile Osteuropas und natürlich Andalusien. Wie soll das geschehen? Ein Kämpfer erklärte es: „Der Sieg des Islams wird nicht errungen, ohne dass Körperteile zerfetzt und Schädel zermalmt werden."

Eine entfesselte Brutalität soll den Lauf der Geschichte ändern und das Reich Gottes erzwingen. Das ist wahnwitzig. Und man mag einwenden: Eine Armee von 30 .000 Mann wird das nicht schaffen. Doch Vorsicht! Die Gefahr geht nicht nur von dieser mörderischen Truppe aus, sondern auch von einer Idee. Das Kalifat ist mental ins kollektive Gedächtnis des Islams eingraviert: als Erinnerung an dessen militärische und wirtschaftliche Macht zwischen dem 7. und dem 11. Jahrhundert.

Der Prophet Mohammed zeichnete eine ähnliche Weltkarte. Er soll Briefe verschickt haben an den Kaiser von Byzanz, den Sassanidenkönig in Persien, den römischen Statthalter in Ägypten und den christlichen König von Abessinien: „Nimm den Islam an, dann bist Du sicher!" Kurz nach Mohammeds Tod standen viele dieser Gebiete unter islamischer Herrschaft.

Das ist eine deutliche Sprache, die man nicht ernst genug nehmen kann. Aber die sogenannte „Freie Welt" vor allem des Westens scheint dies bis heute nicht begriffen zu haben.

Wie sonst kann es geschehen, dass es dem sogenannten Islamischen Staat scheinbar mühelos gelungen ist, seine Gewalttätigkeit bis ins Herz Europas zu transportieren?

Die Waffen der Menschen

Der Mensch unterscheidet sich bekanntlich von allen anderen Lebewesen der Welt dadurch, dass er in der Lage ist, sich Werkzeuge zu schaffen.

Bei genauerem Hinsehen erkennen wir, dass es sich bei den Werkzeugen zuerst um eine besondere Spezies von Geräten gehandelt haben muss. Das wird damit begründet gewesen sein, dass der Mensch unmittelbar nach seiner Geburt Durst und Hunger verspürt. Deshalb wird die Menschenmutter den Menschenvater wahrscheinlich sogleich nach der Niederkunft und dem erstem Schrei des Babys vor die Tür bzw. vor das Loch der Geburtshöhle gescheucht haben mit dem Befehl, gefälligst etwas zu essen zu besorgen.

Da war dann guter Rat teuer. Ein paar Früchte konnte man pflücken, jedenfalls die an den unteren Zweigen noch ohne Leiter. Sollte es nach dem Willen der Gattin allerdings etwas mit Fleisch sein, dann brauchte der Herr der Höhle ein Werkzeug, mit dem man Fleisch erlegen konnte. Das Kaninchen konnte man noch so abmurksen, aber den Hirsch nicht mehr. Mann brauchte einen handlichen Gegenstand, zuerst zum Schmeißen und dann zum Erschlagen. So wird der Ernährer der jungen Familie einen Stein genommen haben und dann vielleicht eine erste, aus einem harten Ast zufällig von der Natur geformte Keule.

Als die Familie satt war, kam aber der Nachbar und wollte etwas vom Hirschen abhaben. Und da zeigte es sich, dass man den Unerwünschten mit der gleichen Keule wie den Hirschen auch erschlagen konnte.

Die erste Waffe war erfunden!

Wir wissen, wie es weiterging.

Zügig ersann man Pfeil und Bogen für das Ferntöten von Tier (und Mensch), dann die Steinschleuder zum Erstürmen einer feindlichen Burg, schließlich – wie gemein! – das Schießpulver - und endlich den Panzer, das Schlachtschiff, den Düsenjäger und die Bombe.

Nicht genug damit ward der Bombe das Atom eingepflanzt.

Aber nachdem die Atombombe 1945 insgesamt nur zweimal in der Weltgeschichte (auf die japanischen Städte Hiroshima und Nagasaki mit insgesamt 250 000 sofort getöteten Menschen) abgeworfen worden und der erschrockenen Menschheit vor Augen geführt worden war, was das für ein furchtbares, massenmörderisches Werkzeug war, unterließ man weitere Beweise menschlicher Erfindungskunst dieser Art und beließ es fortan bei den herkömmlichen Kriegswaffen, mit denen man schließlich auch ganz gut auskommen konnte.

Seither lagern in den Bunkern der Atommächte USA, Russland, Großbritannien, Frankreich, der Volksrepublik China, Indien, Pakistan, Israel und Nordkorea Kernwaffen mit einer Sprengkraft, die die gesamte Erde mit einem Schlag zerstören, wahrscheinlich sogar pulverisieren könnte.

Dass dies bisher nicht geschehen ist, beruht auf der Angst jedes einzelnen dieser Länder, dass es bei Ausbruch eines Atomkrieges nicht das erste sein könnte, das zu dieser Waffe greift.

Denn es gäbe keine zweite Chance!

Und so bedrohen sich die Atommächte seit nunmehr siebzig Jahren damit, sich jederzeit gegenseitig mit einem einzigen Schlag fertigmachen zu können.

Eigentlich könnte man doch nach so langer Zeit zu dem Entschluss kommen, sich zusammenzusetzen und zu beschließen, diese Scheißbomben gemeinsam und alle auf einmal wegzuschmeißen. Denn allein ihre sichere Lagerung und Wartung verschlang bereits Aberbillionen von Dollars, geschweige denn Francs oder Yen oder gar Schekel.

Dass dies nicht geschieht, beruht aber wiederum auf dem abgrundtiefen Misstrauen jeder einzelnen Atommacht den anderen gegenüber: „Wer weiß, ob die anderen nicht doch in irgendeinem Geheimbunker noch ein paar dieser Dinger ….“

Und das war's dann.

Also bleibt es einstweilen bei den fünf übrigen schlimmsten Waffen, die nicht weniger grausam, aber doch nicht so schnell und so endgültig so viele töten.

Es sind:
- Landminen
- Sprengfallen
- Giftgas
- Flammenwerfer
-Fassbomben

Die Gefährlichkeit dieser Kriegswaffen liegt vor allem in ihrer Hinterhältigkeit. Sie sind meist unsichtbar vergraben oder gut versteckt, töten oder verletzen grausam, langsam oder unheilbar oder sind nicht als solche zu erkennen.

Es ist immer wieder versucht worden, einzelne grausam wirkende Waffen zu ächten – leider ohne wirklichen Erfolg wie die Bürger- und Stellvertreterkriege der jüngsten Geschichte zeigen:

Es liegen zahlreiche Beweise dafür vor, dass sowohl syrische Truppen als auch Rebellenkader im Bürgerkrieg Giftgasangriffe gegen die Bevölkerung von Aleppo durchgeführt haben.

Neben den Kriegswaffen haben wir die Pflicht, uns auch hierzulande den im üblichen privaten Gebrauch einiger Arten von Waffen zuzuwenden, die nicht weniger grausam verletzen und töten können.

Es ist ein Fortschritt, dass die hier aufgeführten Waffen, die meist von Privaten erworben und mitgeführt wurden, nicht mehr öffentlich verkauft und demzufolge in den einschlägigen Geschäfte nicht mehr ausgestellt werden dürfen, aber im Schwarzmarkt immer noch angeboten und in Privathand gebracht werden.

Es sind

- Stockdegen
- Zielbeleuchtung (Laserpointer),
- Schlagringe
- Wurfsterne
- Butterflymesser
- Fallmesser
- Molotowcocktails
- Nichtzugelassene Reizstoffsprühgeräte
- Elektroschockgeräte
- Unterkaliber
- Treibspiegelgeschosse
- Leuchtspur
- und Hartkerngeschosse

Nicht zu unterschätzen ist aber auch die Gefährlichkeit von sogenannten Schreckschuss- und/oder Signalwaffen, die immer noch in den Schaufenstern von Waffengeschäften liegen und frei verkäuflich sind (einige von ihnen nur unter Vorlage des sog. Kleinen Waffenscheins, der aber ohne weiteres von der Ordnungsbehörde erteilt wird, sofern der Antragsteller volljährig ist).

Der Besitz und das Tragen dieser Waffen kann wegen ihres Aussehens leicht mit einer echten Waffe verwechselt und dann als solche gedeutet werden, was z.B. einem Polizeibeamten ohne weiteres das Recht gibt, selbst in scheinbarer Notwehr auf den Besitzer der unechten Waffe zu schießen. Und meistens treffen die dann auch!

Das Monopol Waffen zu tragen ist in Deutschland bekanntlich dem Staat und seinen Organen – nämlich den Polizeien und der Bundeswehr – vorbehalten. Deshalb sollten Imitate von Waffen überhaupt nicht angeboten werden. Und schon gar nicht als Kinderspielzeuge!

Schließlich sollten wir uns noch kurz den Gepflogenheiten der US-Bevölkerung zuwenden, die das weltweit seltsame Privileg genießt, in aller Öffentlichkeit echte scharfe und geladene Schusswaffen tragen zu dürfen. Waffenbesitzer sind in den Vereinigten Staaten stark organisiert, mit mehreren Millionen Mitgliedern ist die „National Rifle Association" als Interessengruppe auch international bekannt und versteht es immer wieder, die jeweiligen Regierungen zur Gestattung des Tragens von Waffen in der Öffentlichkeit zu zwingen.

Die Leichtigkeit des Waffenerwerbs hat in den USA zu einer „Bewaffnung" der Bevölkerung geführt, die leider auch viele tragische Randerscheinungen wie Tötungen aus Rache, Auftragsmorde, Gewalt gegen Vorgesetzte und Lehrer sowie aus rassistischen Gründen z.B. gegen Farbige hervorbrachte. Keine US-Regierung konnte die Gesetzeslage bisher ändern. Seit Jahren streiten die Waffenlobby und ihre Gegner über schärfere Gesetze zur Kontrolle des Waffenbesitzes, denn jährlich kommen mehr als 30.000 zivile Menschen durch Schusswaffen ums Leben. Im Schnitt findet in den USA jeden Tag irgendwo mindestens eine Massenschießerei statt.

Die Konsequenz aller Vernünftigen dieser Welt müsste lauten:

1. Sofortige Vernichtung aller Atomwaffen unter gegenseitiger Kontrolle und unter der Aufsicht der UNO. Nationen, die sich weigern, wird die Mitgliedschaft in den UN entzogen und sie werden wirtschaftlich isoliert durch Ausschluss vom Welthandel, Finanztransfers und Hilfsprogrammen der UN. Konten der Regierenden im demokratischen Ausland werden eingefroren.

2. Sofortige Einstellung der Entwicklung, Herstellung und Lieferung

von neuen konventionellen Kriegswaffen an Länder, die nicht die Herstellerländer sind.

3. Verbot der Ausstellung, des Verkaufs und des Besitzes von Waffen an Private außer Sportschützen und Jagdpächtern mit Waffenscheinen.

Die Verbrechen gegen die Menschlichkeit

Dies ist ein dunkles Kapitel der Geschichte, das nach Schuld und Sühne klingt, ohne es wirklich zu sein. Denn trotz zahlreicher Versuche, namentlich zu bestimmende Urheber des Straftatbestandes „Verbrecher gegen die Menschlichkeit" anzuklagen und zu verurteilen, sind die meisten dieser Versuche auf der Strecke geblieben.

Dabei ist das Verbrechen gegen die Menschlichkeit ein Straftatbestand im Völkerstrafrecht, der durch einen ausgedehnten oder systematischen Angriff gegen eine Zivilbevölkerung gekennzeichnet ist.

Erstmals völkervertraglich festgelegt wurde der Tatbestand 1945 im Londoner Statut des für den Nürnberger Prozess gegen die Hauptkriegsverbrecher des NS-Regimes geschaffenen Internationalen Militärgerichtshofs (IStGH). Die heute wichtigste Straftat nach Artikel 7 des IStGH-Statutes, die an einer Zivilbevölkerung im Rahmen eines ausgedehnten oder systematischen Angriffs begangen wird, indem massenhaft Menschen vorsätzlich versklavt, *vertrieben,* *gefoltert,* *vergewaltigt,* *und getötet werden.*

Diese Straftaten bzw. ihre Anordnung durch Befehle an die ausführenden Täter sind seit dem Ende des Zweiten Weltkrieges mit der Verurteilung und Bestrafung der Kriegsverbrecher des Naziregimes kaum noch verfolgt worden, obgleich seither weiterhin hemmungslos versklavt, vertrieben, gefoltert und vergewaltigt und getötet wird.

Was ist denn mit den sattsam bekannten Massenmördern Josef Stalin, Adolf Hitler, Francisco Franco, Mao Tse-Tung, Saddam Hussein, Fidel Castro oder Menschen wie Slobodan Milošević, der vor seiner Verurteilung gestorben ist oder Nicolae Ceauşescu, Pol Pot und Kim Il-Sung geschehen?

Nichts!

Inzwischen gibt es genügend „neue" Kandidaten, auf die die Liste der Gräueltaten zutrifft und die dennoch nicht nur frei herumlaufen und sich im Glanz ihrer Führermacht sonnen, sondern mit denen die Machthaber der Freien Welt auch noch geduldig um Waffenstillstände und das Zulassen humanitärer Hilfe für notleidende

Bevölkerungen verhandeln, um nicht zu sagen betteln.

Ihre Namen kennt jeder:

Sie heißen Baschar-al Assad, Staatspräsident Syriens, der gewaltsam gegen die eigene Zivilbevölkerung vorgeht und für die grausame Ermordung tausender Zivilisten zuletzt in der zerbombten Stadt Aleppo sorgte.

Dabei hilft ihm sein Freund Wladimir Putin mit russischen Kampfjets und Luft-Boden Raketen. Dass dabei auch voll belegte Krankenhäuser in die Luft fliegen wird allerseits billigend in Kauf genommen. Es wird sogar bewusst und geplant verhindert, dass die letzten 100000 Zivilisten der Bevölkerung aus der völlig zerstörten Stadt fliehen können. Und die Welt schaut zu, wie aus einem Bürgerkrieg ein entsetzliches Elend und Leid unschuldiger Menschen entsteht, weil Schurken der Menschheit ihre bornierten Machtgelüste ausleben müssen.

Zu ihnen gehören des Weiteren potentiell brandgefährliche Potentaten wie der Nordkoreaner Kim Jong-Un, der fröhlich und ungehindert mit immer neuen Raketen herumspielt, die inzwischen bereits interkontinental einsetzbar sein sollen und sogar Atomsprengköpfe tragen können, und dessen Schutzmacht China noch immer zögerlich zuschaut, während sein Volk allmählich verhungert.

Nach Berichten westlicher Medien werden Verletzungen von Menschenrechten, wie sie in Nordkorea unter der Herrschaft Kim Jong-Ils begangen worden seien unter der Führung von Kim Jong-Un unter anderem dadurch fortgesetzt, dass Flüchtlinge an der Grenze erschossen, Menschen öffentlich hingerichtet und andere in Internierungslagern ohne Anklage gefangen gehalten werden.

Gefährlich gebärdet sich auch der völlig abgehobene Präsident der Republik Türkei, der angesichts der Wirkung eines vermeintlichen von einem Exfreund angezettelten Militärputschs -zigtausende von eventuellen Sympathisanten, darunter vor allem Richter, Lehrer, Polizisten und andere Beamte, festnehmen und in die Gefängnisse werfen ließ, ohne ihnen ihre Schuld bewiesen und sie formell angeklagt zu haben. Erdogan droht inzwischen sogar mit der Wiedereinführung der Todessstrafe und das als noch potentielles Mitglied der Europäischen Union – ein Rückfall ins düstere Mittelalter!

Im Mittelalter leben auch einige der schlimmsten Bösewichte Afrikas, die ihre Völker in tiefster Armut knechten und offenbar durch nichts und niemand von ihrem Thron gestoßen werden können. Es sind z.B die Herren

König Mswati III. in Swasiland geb. April 1968. Mswati III. ist der einzige lupenreine, absolutistisch regierende Herrscher auf dem afrikanischen Kontinent. 18 Jahre alt war der Monarch, als er im Jahr 1986 den Thron in Mbabane bestieg. Bis heute verfügt das südafrikanische Land über kein Parlament, der König gestattet oppositionelles Gedankengut ebenso wenig wie die leiseste Kritik an der Legitimation seiner uneingeschränkten Herrschaft.

In dem mit nur 1,3 Millionen Einwohnern doch relativ kleinen Swasiland herrschen bitterste Armut und die traditionelle Polygamie. Die korrupten Eliten Swasilands pflegen einen sehr westlich geprägten Lebensstil. *Der König, dessen Privatvermögen oberhalb von 200 Millionen US-Dollar geschätzt wird, liebt die Nobelkarossen von Mercedes Benz und seine Lieblingsmätressen beschenkt König Mswati III. schon mal mit einem Maybach...*

Paul Kagame, Ruanda, geb. 1957. *Im Jahr 1994 hatte der Völkermord an der Volksgruppe der Tutsi internationales Entsetzen hervorgerufen. 800000 Todesopfer hatten die Pogrome gefordert, teilweise sogar unter den Augen von Soldaten der UNO. Man wirft Kagame vor, inzwischen Millionen von Menschen im Kongo auf dem Gewissen zu haben. In einem 2010 von der UNO veröffentlichten Bericht werden der RPF in der Zeit von 1993 bis 2003 zahlreiche Massaker an der Zivilbevölkerung im Ostkongo sowie Massenvergewaltigungen und die Plünderung von Dörfern vorgeworfen.*

Teodoro Obiang Nguema, Äquatorialguinea, geb. 1942. *Der Diktator ist seit 1979 im Amt und zählt damit zu den dienstältesten Despoten dieser Erde. Ende der 1970er Jahre hatte er sich mit tatkräftiger Unterstützung der Sowjetunion an die Macht geputscht und in Äquatorialguinea sein hartes und diktatorisches Regime etabliert. Der Diktator stützt sich auf paramilitärische Gruppen und auf seine Armee. So werden Putschisten und Regimekritiker von Fall zu Fall ohne viel Federlesen hingerichtet.*

Robert Mugabe, Simbabwe, geb. 1924. *Internationale Ächtung, Einreiseverbot in die Länder der EU, eingefrorene Konten, gesperrte Bankkredite und Ausschluss aus der Ländergemeinschaft des Commonwealth – auf der ganzen Welt, vielleicht mit Ausnahme der Chinesen, ist Simbabwes Präsident Robert Mugabe verhasst. Im Jahr 1980 hatte der ehemalige Befreiungskämpfer Mugabe die Herrschaft übernommen. Vetternwirtschaft und Korruption in Tateinheit mit Misswirtschaft und Zerstörungen haben indes sein Land längst an den Rand des Abgrunds gebracht, sodass Simbabwe immer wieder mit verheerenden Hungersnöten kämpfen muss. Regt sich dagegen Widerstand unter den Menschen in Simbabwe, begegnet Mugabe dem mit grausamster Waffengewalt. Bis heute sind Tausende umgekommen, nur weil der Diktator die Droge der Macht nicht entbehren will.*

Zu guter Letzt sollten wir einen Schurken nennen, der quasi auf dem Kontinent Europa lebt und zwar vor unserer Haustür.

Alexander Grigorjewitsch Lukaschenko, Weißrussland, geb. 1954. *Lukaschenko gilt seit dem Sturz des serbischen Diktators Slobodan Miloševics als „Europas letzter Diktator". Im Verlauf des Jahres 2004 hatte Präsident Lukaschenko sogar die Verfassung seines Landes ändern lassen, sodass er auf lange Sicht ohne signifikante Beschränkungen regieren kann.*

Gleichzeitig führt er sein Land mit einer Form alter, sozialistischer Planwirtschaft in die immer größer werdende Isolation. Der galoppierenden Inflation wegen geht es den Menschen in Weißrussland immer schlechter. Aufgrund der vorherrschenden Planwirtschaft wird die Arbeitslosigkeit in Weißrussland künstlich niedrig gehalten – diese ökonomische Schieflage kann sich das Land allerdings nicht mehr lange leisten.

Die Bevölkerung spürt das zunehmend und sie demonstriert heftig, auch gegen die manipulierten Wahlen. Deshalb lässt Alexander Lukaschenko immer wieder das Militär auf die Demonstranten schießen. Große Teile der weißrussischen Opposition wandern ins Gefängnis und Meinungsfreiheit, in welcher Form auch immer, ist in Weißrussland abgeschafft. So kehrt zuweilen ein gewaltsam erreichter Frieden zwischen den verschiedenen Konflikten in Weißrussland ein.

Infolge von Menschenrechtsverstößen und Dissonanzen hinsichtlich einer marktwirtschaftlichen Öffnung des Landes verhängte die EU für die weißrussische Regierung 1997 ein Einreiseverbot. Am 10. April 2006 wurde das Verbot auf insgesamt 31 Personen der weißrussischen Führung ausgeweitet.

Die Freie Welt – das sind in den Augen der meisten Menschen die in der Staatsform einer Demokratie oder deren ähnelnden Staatsformen lebenden Bürger – versucht seit langem immer wieder und scheinbar unermüdlich, mit dem Rest der Welt darüber zu verhandeln, ob der sich nicht vielleicht ihrem Beispiel anschließen und sich ebenfalls zu dieser Lebensform der Menschen bekehren lassen möge, weil es sich nach unserer Überzeugung nur in diesen Staatsformen menschenwürdig und unter Gewährleistung der fünf Grundbedürfnisse der Menschen sicher leben lässt.

Die Wirklichkeit überzeugt uns indes bis jetzt noch von der Unmöglichkeit einer Lösung.

Manche der längst Frustrierten, denen die Lust und der Langmut zu weiterem Abwarten auf humanitäre Lösungen der

Probleme fehlen, glauben an die Macht der Gewalt. So hört man nicht eben selten:

„Gäbe es eine Weltpolizei, die von der Mehrheit der Weltbevölkerung getragen würde, so könnte die vielleicht dazu legitimiert werden, die Bösen einfach auszuschalten. Ganze Völkerscharen würden erleichtert aufatmen. Geeignete Tötungsmaschinen wie z.B. ferngesteuerte Drohnen inklusive der Zieldaten stehen zur Verfügung und wurden schon erfolgreich eingesetzt."

Ist es aber wirklich schon das, was wir alle wollen?

Die Flüchtlingsströme der Welt

Das hat es seit den Völkerwanderungen der Antike nicht gegeben. Und nach den kriegsbedingten Bewegungen größerer Menschenmengen von Ost nach West in den 40er und 50er Jahren durch den Verlust der deutschen Ostgebiete schien Europa zunächst befriedet zu sein.

Niemand konnte ahnen, dass es jemals zu einer erneuten Flüchtlingsbewegung aus dem nahen Osten des Mittelmeerraums und Nordafrikas, später dann sogar aus den Tiefen der afrikanischen Staaten Mali, Eritrea, Nigeria und Somalia kommen würde.

Die Fluchtursachen waren schlimme Bürgerkriege und die mörderischen Terrororganisationen Boko Haram und Taliban. Aber es kamen in deren Sog auch Wirtschaftsflüchtlinge aus relativ ruhigen Ländern wie Libyen, Tunesien, Marokko und Algerien.

Die Flüchtlinge wurden von afrikanischen Schleuserbanden in vollkommen seeuntauglichen Fahrzeugen zu Tausenden über das Mittelmeer „verschifft", wobei inzwischen eine halbe Million ertrank.

Diese Welle unerwarteter Menschen überraschte die Staaten der EU völlig und fegte vor allem die Außengrenze der Staatengemeinschaft, die sogenannte Schengen-Grenze hinweg. Es gelang nicht, die durch diese Außengrenze nach Europa drängenden Flüchtlinge auch nur zu zählen, geschweige denn zu identifizieren und zu registrieren. Die meisten Flüchtlinge, die an den Küsten Griechenlands, Italiens und Spaniens landeten, wollten nach Deutschland. England oder Skandinavien weiterreisen.

Die deutsche Bundeskanzlerin Angela Merkel wagte den mutigen Spruch „Wir schaffen das" und trat damit eine Lawine von Streit und Ablehnung los.

Vor allem ihr Koalitionspartner der Schwesterpartei CSU Horst Seehofer warf ihr ständig Knüppel zwischen die Beine, indem er auf einer Höchstgrenze von Flüchtlingen oder Migranten bestand.

Die Flüchtlinge kamen dennoch über die Grenze.

Dann brach ein innereuropäischer Konflikt der EU-Staaten aus, weil kaum ein Unionsmitglied Flüchtlinge aufnehmen wollte. Da nützte kein Betteln und Drohen mit Menschlichkeit und Sanktionen – Polen,

Ungarn und sogar Dänemark und Schweden machten erstmal dicht.

Inzwischen herrscht wieder relative Ruhe – der Flüchtlingsstrom hat sich weitgehend gelegt und man redet wieder freundlich miteinander. Dennoch muss die EU rund eine Million Menschen aufnehmen, ernähren, unterbringen, registrieren, integrieren, ausbilden oder ausweisen.

Es war ein Fehler, die Schengengrenzen nicht ausreichend zu verteidigen. Das lag sicher an der vielleicht blauäugigen Annahme, dass dieser Fall gar nicht eintreten werde. Jedenfalls zeigten sich alle Grenzstaaten der EU außerstande, die Menschenströme wenigstens „ordnungsgemäß" zu registrieren. Das wäre natürlich eine Mammutaufgabe gewesen, die niemand schnell genug schultern konnte. Die Konsequenz quält uns Europäer noch immer. Der einzige Trost könnte darin bestehen, dass mit den Flüchtlingen auch junge Menschen kamen, die als wertvolle Arbeitskräfte sehr willkommen sind wenn es gelingt, sie zu integrieren.

Was sie brauchen ist die Zuwendung aller Regierungen und Bürger, Wohnung, Sprachunterricht, Aus- oder

Weiterbildung und Integration in unsere Völker.

Noch besser wäre es, wenn die Flüchtlinge ihre Mutterländer gar nicht erst verlassen müssten. Das muss auch das eigentliche Ziel jeder Entwicklungshilfe sein!

Die Vereinten Nationen UNO

Die Vereinten Nationen sind eine riesige weltumspannende „Friedensmaschine" ungeahnten Ausmaßes mit Sitz in New York und zahlreichen über die gesamte Erde verstreuten Neben-, Sonder- und Kooperations - Organen.

Die wichtigsten Aufgaben der Organisation sind gemäß ihrer Charta die Sicherung des Weltfriedens, die Einhaltung des Völkerrechts, der Schutz der Menschenrechte und die Förderung der internationalen Zusammenarbeit. Im Vordergrund stehen außerdem Unterstützungen im wirtschaftlichen, sozialen und humanitären Gebiet.

Die UN finanzieren sich durch Mitgliedsbeiträge der angeschlossenen Staaten. Man unterscheidet Pflichtbeiträge, Pflicht-Beitragsumlagen und freiwillige Beitragsleistungen. Die Pflichtbeiträge der einzelnen Mitgliedstaaten dienen der Finanzierung des ordentlichen Haushaltes, der Organisation sowie teilweise auch der Verwaltungsaufgaben ihrer Nebenorgane. Die Höhe der prozentualen Pflichtanteile aller Mitgliedstaaten wird mit Hilfe eines Beitragsschlüssels berechnet.

Die zehn wichtigsten Beitragszahler sind
USA 22,0%
Japan 9,7 %
China 7,9 %
Deutschland 6,4 %
Frankreich 4,9 %
England 4,5 %
Brasilien 3,8 %
Italien 3,7 %
Russland 3,1 %
Kanada 2,9 %

restliche UN-Mitglieder 31,1 %

insgesamt   2.777MRD.   US-Dollar   in
jeweils   2 Jahren.

(Böse Zungen haben die UN auch schon mal den teuersten Debattierclub der Welt genannt).

Von den 256 Ländern dieser Erde sind z.Zt. nur 193 Länder Mitglieder der Vereinten Nationen. Und davon sind nur 24 Staaten lupenreine Demokratien. Staaten also, in denen die Bürger frei, sicher und in Wohlstand leben können. Der große Rest besteht aus Staaten, die diese Eigenschaften nur unvollständig oder gar nicht aufweisen:

Monarchien, halbherzige Demokratien und Diktaturen, deren Bewohner in relativer Unfreiheit, ja sogar unter schlimmster Unterdrückung und bitterer Armut leiden.

Das Allerschlimmste aber ist dies:

Die siebeneinhalb Milliarden Menschen unserer Welt werden von nur 256 Menschen „regiert", von denen die meisten keinerlei Legitimation der von ihnen regierten Menschen besitzen. Es sind dies die Alleinherrscher, die sich die Macht über ihre Untertanen selbstherrlich mithilfe willfähriger Militärs und gnadenloser Unterdrückung ihrer Bürger sichern, wobei sie jeden Widerspruch aus dem Volk mit Strafen bis zur Hinrichtung verfolgen.

Das muss sich ändern, denn nur freie Bürger leben auch friedlich miteinander. Und genau das wollen doch alle Menschen auf dieser Erde.

Aber die UN sind trotz enormer Erfolge in humanitären und militärischen Angelegenheiten wie Hungerhilfe und Verhinderung militärischer Übergriffe eher ein „zahnloser Tiger". Das liegt vor allem am Vetorecht der fünf Staaten USA, China, Russland, England und Frankreich, die übermäßig oft von ihrem Recht Gebrauch machen, im sogenannten Sicherheitsrat wichtige Entscheidungen zu blockieren oder sogar zu verhindern.

So sind Resolutionen der UN-Generalversammlung und des UN-Wirtschafts- und Sozialrates nicht verbindlich. Sie stellen lediglich Empfehlungen dar.

Kritiker der UN verlangen auch die Einrichtung eines UN-Parlaments aller 256 Länder und Staaten, da nur dann eine demokratische Entscheidungsfindung und Handlungskompetenz entstünde. Davon sind die UN aber wegen nationalistischer Einwände ihrer Mitglieder und der noch-nicht-Mitglieder weit entfernt.

Es scheint, dass sie seit vielen Jahren politisch auf der Stelle tritt. Von außen sieht der interessierte Betrachter meist nichts anderes als die Debatten des Plenums im Hauptquartier des Hochhauses am United Nations Plaza. Hier am Rande Manhattans und am Westufer des East River residieren die Generalversammlung, der Sicherheitsrat und im jährlichen Wechsel mit Genf der Wirtschafts- und Sozialrat der Vereinten Nationen. Außerdem ist es Sitz des UN-Sekretariats.

Des Weiteren gehören zu den UN zahlreiche über die ganze Welt verteilte

Nebenorgane, Sonderorgane und Kooperationen.

Alle Organisationen der UNO haben ihr eigenes Verwaltungssystem, aber keine eigene völkerrechtliche Grundlage und sind nicht Völkerrechtssubjekte wie die UNO selbst.

Nebenorgane der UNO sind:

Entwicklungsprogramm (UNDP) in New York (USA)

Umweltprogramm (UNEP) in Nairobi (Kenia)

Kinderhilfswerk (UNICEF) in New York (USA)

Konferenz für Handel und Entwicklung (UNCTAD) in Genf (Schweiz)

Welternährungsprogramm (WFP) in Rom (Italien)

Welternährungsrat (WFC) in Rom (Italien)

Bevölkerungsprogramm (UNFPA) und Abrüstungskonferenz (UNCD) in Genf.

Hochkommissar für Menschenrechte (UNHCHR) in Genf (Schweiz)

Hochkommissar für Flüchtlinge (UNHCR) in Genf (Schweiz)

Hilfsprogramm für die Palästina-
Flüchtlinge (UNRWA) in Gaza
(Palästina)
Katastrophenhilfe (UNDRO) in Genf
(Schweiz)
Drogenkontrollprogramm (UNDCP) in
Wien (Österreich) und
Weltsiedlungskonferenz (HABITAT) in
Nairobi (Kenia).
Universität der Vereinten Nationen
(UNU) in Tokio (Japan) und
Institut für Ausbildung und Forschung
(UNITAR) in Genf (Schweiz).

Sonderorganisationen der UNO sind:

Weltpostverein (UPU) in Bern
(Schweiz)
Weltorganisation für Meteorologie
(WMO) in Genf (Schweiz)
Internationale Arbeitsorganisation (IAO)
in Genf (Schweiz)
Zivilluftfahrt (ICAO) in Montréal
(Kanada)
Seeschifffahrt (IMO) in London (UK)
Internationale Fernmeldeunion (ITU) in
Genf (Schweiz) und
Internationale Atomenergieorganisation
(IAEO) , Wien (Österreich)

Weltgesundheitsorganisation (WHO) in Genf (Schweiz)

Erziehung, Wissenschaft und Kultur (UNESCO) in Paris (Frankreich)

Industrielle Entwicklung (UNIDO) in Wien (Österreich)

Ernährung und Landwirtschaft (FAO) in Rom (Italien)

Welttourismusorganisation (UNWTO) in Madrid (Spanien) und

Organisation für geistiges Eigentum (WIPO) in Genf (Schweiz)

Die Sonderorganisationen im Finanzbereich sind:

Internationaler Währungsfonds (IWF) in Washington D.C. (USA)

Weltbank-Gruppe in Washington D.C. (USA) und Fonds für landwirtschaftliche Entwicklung (IFAD) in Rom (Italien).

In Kooperation mit der UNO stehen außerdem: Welttourismusorganisation UNTWO in Genf (Schweiz) und der Internationale Strafgerichtshof (IStGH) in Den Haag (Niederlande).

Zentrale Probleme der Vereinten Nationen sind und bleiben die kaum vorhandenen Kompetenzen. Es gelang den Vereinten Nationen vor allem deshalb nahezu alle Staaten der Welt unter einem Dach zu vereinen, weil die Charta an entscheidenden Stellen so flexibel interpretierbar ist, dass sie von praktisch allen kulturellen Überzeugungen und politischen Ideologien – auch wenn diese sich z. T. gegenseitig ausschließen – in deren Sinne und zu deren Gunsten entsprechend der Situation ausgelegt werden kann.

Damit das Konzept einer handlungsfähigen Weltorganisation vollständig aufgehen kann, wäre eine massive Abgabe nationalstaatlicher Kompetenzen an diese Organisation in allen drei Bereichen staatlicher Gewalt (Exekutive, Legislative und Judikative) notwendig.

Dazu ist zum gegenwärtigen Zeitpunkt aber kaum ein Staat bereit.

Letztlich vereiteln nationale Alleingänge die meisten Ansätze, zu mehr Verbindlichkeit innerhalb der UN zu gelangen. Dies betrifft insbesondere die fünf ständigen Sicherheitsrats-Mitglieder (in der jüngeren Vergangenheit vor allem die USA), die oftmals einen Willen zur Unterwerfung unter das völkerrechtliche Gewaltmonopol des Sicherheitsrats vermissen lassen und stattdessen im Alleingang oder mit

Koalitionen unter ihrer Führung ihre militärischen Interessen durchzusetzen versuchen. Zugleich hat sich bislang gezeigt, dass die Vereinten Nationen kaum – oder gar nicht – in der Lage sind, eigene Politiken zu betreiben, die den Interessen der USA entgegenlaufen, da sie mit ihnen finanziell, personell und auch historisch stark verwoben sind.

Wenngleich es den UN nur auf einer sehr rudimentären Ebene gelang, einheitliche kulturelle und politische Vorstellungen der Menschheit zu definieren, waren doch einige UN-Missionen durchaus erfolgreich, und ob die zwischenstaatliche Konfliktbewältigung ohne die UN-Vermittlung besser abliefe, darf ebenfalls bezweifelt werden.

Die für den Weltfrieden z.Zt. von allergrößter Bedeutung sind zweifellos – neben den UN - die

<u>Europäische Union und die Nato</u>

Während die EU jedoch mühsam um ihren inneren Zusammenhalt und Fortbestand ringt, weil die osteuropäischen Länder Polen, Ungarn, Bulgarien und Rumänien nicht nach der gemeinsamen Pfeife tanzen und weil der

Beitrittskandidat Türkei sich in Richtung auf eine Diktatur bewegt, versuchen die NATO-Länder sich ebenso mühsam gegen den scheinbaren Gegner Russland zu behaupten. Das Säbelrasseln der Militärmanöver auf beiden Seiten ist unüberhörbar und fördert den Weltfrieden nicht. Brüssel versucht – zunächst noch auf der Basis von Gesprächen – zu beschwichtigen. Das interessiert den türkischen Potentaten Erdogan indes nicht im Geringsten. Und die Polen und die Balkanländer kaum weniger.

Vielleicht wäre es doch angeraten, deutlichere Zeichen zu setzen und auf die Pauke zu hauen? Sollte man den kleinen EU Staaten nicht mit dem Ausschluss drohen? Und dem Türken den Austritt aus der NATO empfehlen?

Polen, Ungarn, Rumänien und Bulgarien sind reine Nutznießer der EU und kassieren gerne deren Beihilfen.

Aber die militärische Sicherung Europas gegen die rabiaten Nahoststaaten sollte doch wohl durch die dauerhafte Stationierung eines multinationalen Flottenverbandes von U-Booten, Zerstörern und ein bis zwei Flugzeugträgern vor der Südküste der Türkei zu gewährleisten sein!

Die Hilfsprogramme für die Völker

Neuere Erkenntnisse der Weltbetrachtung ergeben, dass es sich bei den ärmsten und bedürftigsten Ländern überwiegend um die 25 Länder der 55 Staaten Afrikas handelt, wie die Grafik von Wikimedia zeigt.

Es sind die sogenannten „Least Developed Countries", also die „allerletzten Entwicklungsländer", bisweilen auch schon „die vierte Welt genannt" und damit die hauptsächlichen Sorgenkinder der ganzen Welt.

Sie nehmen überwiegend einen breiten Gürtel in der Mitte des Kontinents ein, während sowohl die nördlich der Sahara und südlich in den Kap-Ländern liegenden Staaten vielfach bereits europäisch anmutenden Wohlstand aufweisen. Die am stärksten boomende Branche ist dort die Telekommunikation:

In manchen Ländern haben laut dem Bericht der Studie „The Transformational Use of Information and Communication Technologies in Africa", die die Weltbank zusammen mit der Afrikanischen Entwicklungsbank erstellt hat, immer noch mehr Menschen Zugang zum Mobilfunknetz als zu sauberem Wasser oder Strom. Das zeigt, welche Bedeutung die Menschen dieser Technik beimessen. Mobiltelefone ermöglichen in vielen Regionen den Zugang zum Handel, zu Informationen, zu Bildung und zur Politik.

Die ärmsten Länder* aber sind immer noch:

Gambia	*Tschad*
Nigeria	*Guinea-Bissau*
Dschibuti	*Kongo*
Mauretanien	*(Kinshasa)Zentral*
Eritrea	*-afrikan. Republik*
Senegal	*Äthiopien*
Guinea	*Mosambik*
Ruanda	*Burundi*
Benin	*Mali*
Tansania	*Burkina Faso*
Elfenbeinküste	*Niger*
Malawi	*Sierra Leone*
Sambia	
Angola	

*Die außerafrikanischen Länder wie Haiti, Madagaskar, Süd Jemen, Swasiland, Afghanistan, Nepal, Buthan, Bangla Desh und Birma stehen indes nur in zweiter Linie im Fokus der Entwicklungshelfer, weil deren Probleme nicht annähernd derartig bedeutend sind, wie die auf dem afrikanischen Kontinent

Die weit verbreitete Armut und die sich zunehmend verschlechternden Bedingungen für die Bevölkerung durch die Bevölkerungsexplosion, den Raubbau an Ressourcen, Ernährungs- und Gesundheitslage wirken sich seit langem negativ aus.

Wassermangel und Missernten durch Klimaveränderungen, staatliche und kriegerische Gewalt, Korruption und politische Instabilität, aber auch die gravierenden Auswirkungen der Immunschwächekrankheit AIDS und anderer Infektionskrankheiten wie Malaria und Tuberkulose raffen die Menschen dahin.

Bildung ist in weiten Bereichen und Regionen ein Fremdwort!

Afrika kann sich nicht einmal selbst ernähren, sondern importiert Lebensmittel!

Mehr als ein Fünftel der Bewohner in der Region südlich der Sahara gelten als unterernährt.

Die durchschnittliche Lebenserwartung beträgt lediglich 54 Jahre.

Fast 40 Prozent der Bevölkerung leben noch immer ohne ausreichende Wasserversorgung, fast 70 Prozent ohne angemessene Sanitärversorgung. Seit mehreren Jahrzehnten existieren die unterschiedlichsten Verbesserungsvorschläge, von wenigen Ausnahmen abgesehen ist deren Erfolg bis heute bescheiden.

Es gibt kaum eine Institution der Hilfe, die nicht in Afrika helfend tätig ist. Neben den Vereinten Nationen UNICEF sind dies – um nur einige zu nennen – Brot für die Welt, Terre des Hommes, Ärzte ohne Grenzen, das Rote Kreuz, SOS Kinderdorf, Welthungerhilfe, Misereor und technische Helfer wie das THW.

Die wirklichen Probleme können jedoch nicht kurzfristig und auch nicht von diesen Organisationen gelöst werden.

Umfassende Großprojekte wie eine funktionierende Infrastruktur an Verkehrswegen, Bussen, Bahnen, Telekommunikation, Brunnen und Wasserleitungen, Kraftwerken, Krankenhäuser, Schulen und Universitäten, können nur durch überregionale Kräfte geschultert werden, die von weltumspannenden Ideen und einer gewaltigen Menge an Geld realisierbar sind.

Die erste Forderung an die politisch Verantwortlichen in Afrika jedoch lautet: Demokratisierung!
Nur der Gesinnungswandel der herrschenden Klasse in jedem einzelnen

Staat der 25 ärmsten Länder Afrikas kann den Kontinent retten und befrieden.

Teil 2

Die Völker und Staaten der Welt und ihre Lebens- und Wirtschafträume

Unsere Weltkugel beherbergt heute rund siebeneinhalb Milliarden Bewohner. Jedes Jahr kommen etwa 80 Millionen – so viele wie die Bundesrepublik Deutschland Bürger hat – hinzu.

Die Verteilung der Anzahl von Menschen über den Erdball ist sehr unterschiedlich.

Die Nation mit den meisten Bürgern ist die Volksrepublik China. Dort leben 1,4 Milliarden Chinesen, entsprechend 19 % der Weltbevölkerung.

An zweiter Stelle folgt Indien mit 1,3 Mrd. Bürgern gleich 13 %.

Alle übrigen 254 Länder der Welt verschwinden weit hinter den beiden Giganten. Unser Land liegt mit 80 Millionen Deutschen nur noch bei 1.1%.

Ähnlich diskrepant zeigt sich die Lebensfläche der Menschheit. Während sich 144 Chinesen einen Quadratkilometer ihres Reiches teilen und 400 Inder den ihren, drängeln sich im Stadtstaat Monaco 19000 Monegassen rund um den Hafen voller Luxusyachten, aber in Bangladesch – einem der ärmsten Flächenstaaten der Welt – sind es 1100.

Das größte Flächenland der Welt ist Russland. Dort haben 8 Menschen pro Quadratkilometer reichlich Platz.

Schauen wir uns die Welt unter dem Gesichtspunkt der Wirtschafträume an, so ergibt sich ein Bild der wichtigsten Handels-, Produktions- und Verbraucherzonen der Welt mit deren Besonderheiten und Beziehungen untereinander.

Es sind

- Europa
- Asien
- Nordamerika/Kanada
- Südamerika
- Afrika
- Australien

Europa

verstehen wir zuerst als die Gemeinschaft der (noch) 28 Staaten der Europäischen Union (EU). Es ist eine Gemeinschaft von überwiegend demokratisch regierten Ländern, die wirtschaftlich und politisch durch Vertragswerke und kulturell eng miteinander verbunden sind. Europa gilt weltweit als politisch gefestigte, sichere, wohlhabende und produktive Region. Darin befinden sich jedoch Länder mit deutlich unterschiedlichen Wirtschaftsformen.

Deutschland, Frankreich, England, die Niederlande, Belgien, Österreich und die skandinavischen Länder Dänemark, Schweden, Finnland und Norwegen gelten als die produktivsten Industrienationen mit Hightech Fabriken, landwirtschaftlichen Erzeugnissen und z.T. erheblichen Exportüberschüssen. Was den meisten dieser Staaten fehlt sind nennenswerte Bodenschätze. Deshalb sind sie auf deren Import angewiesen. Es handelt sich dabei um Werkstoffe wie Eisen und Mineralien sowie Energieträger wie Erdöl und Erdgas.

Die Mittelmeeranrainer Italien, Spanien und Portugal folgen mit höherer Tourismusbilanz während sich die ehemaligen Ostblocknationen Kroatien, Estland, Lettland, Litauen, Polen, Rumänien, Slowakei, Slowenien, Tschechien und Ungarn noch in mehr oder weniger rascher und erfolgreicher Entwicklung befinden. Luxemburg hält als Finanzzentrum und Sitz vieler Europäischer Institutionen einen Sonderstatus.

Das zentrale Europa und vor allem Deutschland gilt als eines der beliebtesten Ziele von Wirtschafts- und politischen Flüchtlingen, was den Politikern derzeit erhebliche Probleme wegen der Verteilung einiger Millionen Flüchtlinge auf die gesamte EU bereitet. Aktuell befindet sich die EU in einer angespannten Situation, die mit dem geplanten Austritt Englands begann und derzeit nicht als beendet gelten kann. Probleme bereiten die unsichere politische Stabilität Polens und einiger Balkanländer.

Geografisch betrachtet gibt es neben dem Europa der Union noch 21 weitere Länder, die – wenn auch nur teilweise - dem Kontinent zuzurechnen sind.

Diese sind
- Albanien
- Andorra
- Aserbaidschan
- Bosnien
- Herzegowina
- Georgien
- Griechenland
- Island
- Kasachstan
- Liechtenstein
- Mazedonien
- Moldawien

- Monaco
- Montenegro
- Russland West
- San Marino
- Schweiz
- Serbien
- Türkei europ.
- Ukraine
- Vatikanstadt
- Weißrussland

die teilweise eine Mitgliedschaft in der EU anstreben oder neutral sind oder die von der EU geforderten Eigenschaften demokratischer Rechtsstaaten (noch) nicht aufweisen. Herausragende wirtschaftliche Bedeutungen besitzen lediglich das Erdöl exportierende Aserbaidschan, Kasachstan und der Erdgas- und der Waffenlieferant Russland.

Asien

ist mit etwa einem Drittel der gesamten Landmasse der flächenmäßig größte Erdteil.

Mit über vier Milliarden Menschen, mehr als der Hälfte der Weltbevölkerung, ist dieser Erdteil auch der einwohnerstärkste und ist mit seinen 47 international anerkannten Staaten ein Konglomerat aus Völkern, Rassen und Religionen.

Aus Asien kommen die erlesensten Gewürze und die meisten Textilien.

Dort gibt es die höchsten Gebirge und das tiefste Meer.

Die Schere zwischen den ärmsten und den reichsten Menschen klafft weit.

Und dennoch geht vom Teilkontinent Asien die geringste Gefahr für den Rest der Menschheit aus. Asien exportiert weder riesige

Flüchtlingsströme noch gefährliche Massenmörder.

Es scheint als sonnten sich die Menschen des Riesengebildes in einer Art ergebener oder still erduldeter, freundlicher Genügsamkeit. Sind es die Götter östlicher Regionen, die Hindus und Buddhas, die mit ihrem Drittel aller Religionen die dort auch lebenden Muslime befrieden?

Es scheint als sei das geheimnisvolle Lächeln der Asiaten ein Erfolgsrezept für die ganze Menschheit...

USA

Ein geografischer Riese mit einer Mini-Bevölkerung – das sind die USA.

Die 50 Bundesstaaten beherbergen ganze 320 Millionen Einwohner. Obwohl sie zu einem Großteil Nachfahren ganzer Volksstämme aus anderen Teilen der Welt sind sollen sie eigentlich alle Englisch sprechen. Und das tun sie auch.

In den Augen der westlichen Welt sind die USA wohl das gelobte Land:

Regiert als Präsidialdemokratie, anerkannte und (noch) einzige Weltmacht, größte Volkswirtschaft, überlegene Militärmacht, Schutzmacht, Sitz der wichtigsten

Weltvereinigungen wie der UNO, UNICEF, UN-Generalversammlung, UN-Generalsekretariat, UN-Sicherheitsrat.

Hochindustrialisiert in allen technischen Bereichen. Wirtschaftlich relativ selbständig durch eigene Bodenschätze (neuerdings auch wegen des neuartigen Instrumentes des Erdöl Fracking).

Und im „ewigen Medaillenspiegel der Olympische Spiele" unangefochten auf Platz 1 liegend.

In vielen Augen der restlichen Welt sind die USA aber auch der verhasste „Weltpolizist", was immer das bedeutet. Der letzte Präsident wollte es anders:

Barack Obama wollte nach dem Ende der Kriege im Irak und in Afghanistan den außenpolitischen Wandel vollziehen. Die USA wollten nach seinen Worten nicht länger die Weltpolizei sein. Amerika werde künftig nur noch dann alleine militärisch eingreifen, wenn seine Kerninteressen bedroht seien, sagte der Friedensnobelpreisträger vor Soldaten der Militärakademie in West Point.

Was „der Neue" dazu sagt ist mehr als unerfreulich: Donald Trump denkt nicht nur nicht gründlich nach (und lässt sich von den falschen Leuten beraten), bevor er noch mehr Porzellan zerschlägt.

Fest steht nämlich auch, dass die USA vor gut 70 Jahren nicht nur uns deutschen Kriegsverlierern mit Carepaketen auf die Beine geholfen haben, sondern durch ihr mutiges Auftreten auf der Weltbühne auch den kalten Krieg zwischen den Westmächten und dem sogenannten Ostblock unter Führung der Sowjetunion, den diese von 1947 bis 1989 mit nahezu allen Mitteln austrugen, beendeten. Zu einer direkten militärischen Auseinandersetzung zwischen den Supermächten kam es glücklicherweise deshalb nie.

Kanada

Nach Russland das zweitgrößte Land der Erde aber mit nur 36 Millionen Einwohnern führt es ein beinahe unbemerktes friedliches Leben inmitten einer großartigen Natur.

Ebenso wir die heutigen USA wurde das Land zuerst von Engländern, dann Franzosen, Deutschen, Italienern und Iren besiedelt, die den schon ansässigen Inuit – einem nordkanadischen und grönländischen Volksstamm – Gesellschaft leisteten. Kanada war und ist immer noch ein Einwanderungsland, das vor allem Europäer, inzwischen aber auch viele Chinesen aufnimmt.

Die parlamentarische Monarchie unter der Herrschaft der englischen Krone regiert ein Generalgouverneur.

Das Land ist nicht nur mit einer fantastisch vielseitigen Natur mit 70% Waldbedeckung sondern auch mit reichen Bodenschätzen gesegnet und damit eines der wohlhabendsten Länder der Welt. Seinen Energiebedarf deckt es hauptsächlich durch Wasserkraft aus Stauseen, die elektrische Energie sogar bis hinunter in die USA und nach Mexiko liefern.

Durch die geografische Lage im hohen Norden des Kontinents, die an die Eisbarrieren des arktischen Nordmeeres und Grönland grenzen, entwickelten schon die Urbewohner Kajaks und Schlitten als Verkehrsmittel. Zugtiere sind nach wie vor Hunde. In den Polargebieten im Norden gibt es Eisbären und Wapiti Hirsche.

Kanada ist vielleicht eines der letzten Paradiese auf Erden…

Südamerika

Ein weiterer Subkontinent, der es verdient, glückliche Menschen zu beherbergen. Den 420 Millionen Einwohnern in 23 Ländern bietet er alles was man zu einem guten Leben braucht.

117

Die Bevölkerung bestand aus den Ureinwohnern der Inka, die jedoch in blutigen Eroberungskriegen von Spaniern nahezu ausgerottet wurden. Es folgten spanische Einwanderer, afrikanische farbige Sklaven und weitere Europäer. Übrig blieben bedeutende Kulturschätze der Inka wie die Ruinenstätte Machu Picchu und ihre alte Hauptstadt Cuzco in Peru, zu denen heute tausende Touristen anreisen.

Südamerikas bedeutente Volkswirtschaften

Brasilien
Argentinien
Peru
Kolumbien
Venezuela
Paraguay
Chile
Ecuador
Guyana
Uruguay

haben reiche Bodenschätze an Edelmetall, Erdöl und Erdgas, riesige landwirtschaftliche Flächen für die Viehzucht, mit Feldfrüchten und Obst jeder Art, große Urwaldgebiete mit exotischer Tierwelt und die exklusivsten

Urlaubsregionen und Strände, vor allem an den Atlantikküsten und in der Karibik…

In den modernen Großstädten Südamerikas wie Rio de Janeiro, Buenos Aires, Lima, Montevideo und Santiago residieren die Reichen und Schönen.

Gleich nebenan zeigt der wohlhabende Kontinent allerdings die Kehrseite der Medaille: In den Favelas genannten Armenvierteln hausen Millionen in Müll, Krankheiten und Kriminalität.

Viele Gewässer sind verunreinigt durch Fäkalien und Industrieabfall.

Häufige Streiks beeinträchtigen das öffentliche Leben und die Polizei erscheint oft gar nicht oder erst, wenn es zu spät ist.

Es fehlt dem Riesenkontinent auch an Infrastruktur. So gibt es zwischen den autonomen Ländern häufig weder leistungsfähige Fernstraßen noch Eisenbahngleise, sodass der nationale Verkehr oft auf das Flugzeug angewiesen ist.

Ein weiteres Problem ist die Brandrodung umfangreicher Urwaldgebiete zum Ziel der Landgewinnung durch Großgrundbesitzer, die dann darauf Viehzucht betreiben.

Politisch kann man Südamerika als Ganzes wohl als befriedet ansehen, seit die

Drogenkriege der Nordstaaten an der Karibik und in Mittelamerika weitgehend beendet sind.

Eine „Union Südamerikanischer Nationen" ist die 2008 gegründete Gemeinschaft der zehn südamerikanischen Staaten

Argentinien
Bolivien
Brasilien
Venezuela
Chile
Ecuador
Kolumbien
Paraguay
Peru
Suriname

In der Gründungsurkunde wird als Ziel der Union der Kampf gegen „Ungleichheit, soziale Ausgrenzung, Hunger, Armut und Unsicherheit" definiert. Bis zum Jahre 2025 soll mit gemeinsamer Währung, einem Südamerika-Parlament und einheitlichen Reisepässen eine der Europäischen Union vergleichbare Integration erreicht werden.

Mit Französisch-Guayana, einem Übersee-Département Frankreichs, erstreckt sich die Europäische Union inzwischen selbst bis nach Südamerika und hat mit Suriname und Brasilien eine Außengrenze.

Trotz aller Fortschritte erscheint derzeit (Stand 2016) fraglich, ob die Ziele bereits 2025 erreicht werden können. Die verschiedenen wirtschaftlichen und politischen Bündnisse verfolgen zum Teil unterschiedliche Ziele, vor allem was den Freihandel und die Kooperation mit den USA und anderen Weltmächten angeht. Häufig mangelt es auch an der Bereitschaft ihrer Mitglieder, umfangreiche Kompetenzen an die supranationalen Bündnisse abzutreten. Auch die seit einigen Jahren bestehende Schwäche der führenden Staaten Brasilien, Argentinien und Venezuela ist ein großes Hindernis für weitere Integrationsschritte.

Afrika

Der Kontinent mit den seit langem bestehenden, ernst zu nehmenden und scheinbar unlösbaren Problemen zwischen dem uns nahen Mittelmeer und der Antarktis spielt eine entscheidende Rolle in der Menschheitsgeschichte, gilt Afrika doch als die „Wiege der Menschheit", wo im Zuge der Hominisation die Entwicklung zum anatomisch modernen Menschen Homo sapiens stattfand.

Das bedeutet nichts weniger als dass wir alle von Afrikanern abstammen. Auch eine der frühesten Hochkulturen der Menschheit bildete sich auf dem afrikanischen Kontinent - im alten Ägypten.

Ab dem 16. Jahrhundert aber ging es bergab.

Es begann ein reger Sklavenhandel mit den Amerikanern, die dringend Arbeitskräfte für ihre Baumwollplantagen benötigten. Um 1896 begann in Europa der „Wettlauf um Afrika", bei dem der ganze Kontinent von den Regierungen Spaniens, Italiens, Frankreich, Großbritanniens, Deutschlands, Portugals und Belgiens rigoros „aufgeteilt" wurde.

Diese Fremdherrschaft dauerte bis nach dem Ende des II. Weltkrieges an.

Erst im Zuge der Dekolonisation Afrikas wurden mehrere Staaten in den 1950er Jahren unabhängig. 1960 gilt als das Jahr der afrikanischen Unabhängigkeit, da der Großteil der französischen Kolonien in diesem Jahr in die Unabhängigkeit entlassen wurde. In Südafrika ist die schwarze Bevölkerungsmehrheit erst seit 1994 an der Regierung. Vier Jahre zuvor endete die südafrikanische Besetzung Namibias. Einige Inseln und die Gebiete um die Städte Ceuta und Melilla gehören bis heute zu verschiedenen europäischen Staaten.

Durch die willkürlichen Grenzziehungen der Kolonialzeit und das Außerachtlassen der historischen und ethnisch-kulturellen

Gegebenheiten wurde die Entwicklung eines Nationalgefühls in den meisten afrikanischen Staaten erschwert. Dies führte u. a. dazu, dass die politische Lage Afrikas noch heute instabil ist und autoritäre Regime vorherrschen.

Dadurch fällt ein großer Teil der natürlichen Reichtümer des Kontinents der Korruption zum Opfer beziehungsweise wird von internationalen Konzernen abgeschöpft. Verbunden mit unterentwickelter Infrastruktur, klimatischen Problemen, hohem Bevölkerungszuwachs und schlimmen Krankheiten wie AIDS führt dies dazu, dass fast ganz Afrika der Dritten Welt angehört.

Afrika hat relativ stabile demokratische Länder, aber auch repressive Diktaturen, Regime die zwar einen demokratischen Anstrich haben, wie zum Beispiel Gabun, die aber insgesamt sehr autoritär regiert werden und „failed states". Das bekannteste Beispiel ist Somalia.

Auf dem afrikanischen Kontinent gibt es vergleichsweise starke Probleme bei der Durchsetzung von Demokratie und Menschenrechten. Die meisten der als gescheiterte Staaten angesehenen Länder der Welt liegen in Afrika.

Mit der Gründung der Afrikanischen Union (AU) soll ein neues Kapitel in der afrikanischen

123

Politik aufgeschlagen werden; Eigenverantwortung, gegenseitige Kontrolle und gute Regierungsführung sollen die afrikanische Renaissance ermöglichen.

Inzwischen hat uns die politische Lage bewiesen, dass leider auch aus dem scheinbar so friedlichen Afrika militante Attentäter nach Europa drängen. Sie kommen vielfach mit den Flüchtlingsströmen in maroden Schlauchbooten über das Mittelmeer nach Italien oder Spanien und stammen aus Bürgerkriegsländern wie Libyen, Mali, Simbabwe, und Ruanda.

Der Großneffe des letzten äthiopischen Kaisers Haile Selassie und Buchautor Asfa Wossen Asserate, der seit bald 50 Jahren in Deutschland lebt, benennt auch die Schuldigen:
„Ich würde sagen, dass die größten Exporteure von Migranten auf dieser Welt afrikanische Gewaltherrscher und Diktatoren sind, die ihrem eigenen Volk nicht die Möglichkeit geben, in ihren eigenen Ländern ein menschenwürdiges Dasein zu führen."

Darunter sind aber auch Flüchtlinge aus sicheren Herkunftsländern wie Marokko und Tunesien…

Ziel aller zivilisierten Nationen muss es sein, die Flüchtlingsströme zu beseitigen, indem sie die Lebensbedingungen in deren Mutterländern entscheidend verbessern. Das

124

beginnt mit der Demokratisierung der Regierungen oder deren Beseitigung und durch konsequente Wirtschafts- und Ausbauhilfen bis zur Selbständigkeit dieser Völker.

Australien

Der große Subkontinent zwischen dem Südpazifik und der Antarktis ist eines der wohlhabendsten Länder der Welt mit einer Landfläche von rd. 7,7 Millionen Quadratkilometern und nur 24 Millionen Einwohnern. Beim Index der menschlichen Entwicklung nahm es 2016 den zweiten Rang ein. Das Land verfügt über eine hochmoderne Service- und Dienstleistungsökonomie und über bedeutende Rohstoffvorkommen. Seine Kultur macht es zu einem attraktiven Ziel für Migranten, allerdings steuert, selektioniert und begrenzt die derzeit herrschende Politik die Migration. Australien gehört um Commonwealth Großbritanniens und wird von einem Generalgouverneur regiert.

Die wichtigsten Staatsformen der Welt

Die Staatsform charakterisiert die Organisationsform, die „Verfassung" und äußere Herrschaftsordnung eines Staates und ist damit ein wichtiges Merkmal der staatlichen Grundordnung. Sie bezieht sich unter anderem darauf, wie das Staatsoberhaupt bestimmt und legitimiert wird und ob eine Gewaltenteilung stattfindet. Die Staatsform ist somit wesentlich sowohl für das innere als auch das äußere Erscheinungsbild des Staates.

Auf der Erde gibt es z. Zt. 256 Länder. Davon gehören 193 Länder als anerkannte Staaten und Mitglieder den Vereinten Nationen - der UNO - an.

Eine Grobunterteilung dieser Staaten in Staats- und Regierungsformen ergibt sich aus dem sog. Demokratie-Index, der alljährlich von der renommierten Zeitschrift „The Economist" erstellt wird.

Danach befinden sich im Zustand einer/einem

- Monarchie   44 * Staaten
- vollständigen Demokratie 24 ** Staaten
-unvollständigen Demokratie 57***Staaten
-defekten/hybriden Demokratie39****Staaten

- *autoritären/diktatorischen Regime 52*
*****Staaten

und darin beispielsweise die Länder England*, Deutschland**, Frankreich***, Libyen****, Weißrussland *****

Weitere Erläuterungen dieser eventuell nicht allgemein geläufigen Begriffe:

*Monarchie = absolute Einzelherrschaft eines Königs/Kaisers oder zusätzlich eines Parlaments, dann parlamentarische Monarchie genannt

**vollständige Demokratie = vom Volk frei gewähltes Parlament, Gewaltenteilung, freie Meinungsäußerung, Pressefreiheit, Demonstrationsrecht, Religionsfreiheit usw.

*** unvollständige Demokratie = Fehlen einer der obigen Eigenschaften

**** defekte/hybride Demokratie = Fehlen aller wichtigen obigen Eigenschaften,

***** autoritäre/diktatorische Regime = von fast bis ganz vollständiger Unfreiheit der Bevölkerung, meist mit repressiven bis brutalen Bestrafungen der Untertanen.

Unsere Betrachtungen der Staaten/Länder/Völker der Erde wären nicht vollständig, wenn wir uns nicht um die 63 kümmerten, die weder in den UN noch scheinbar sonst irgendwo „organisiert" sind.

Es sind lauter „Exoten",

wie die von manchen suspekt, anderen wunderlich und Dritten „die Schmuddelkinder der Nationen" genannt werden.

Und doch sind auch sie unter einem Dach zuhause:

Die UNPO (Unrepresented Nations and Peoples Organization) vertritt z. Zt. 50 Völker der Welt ohne anerkannte Staatseigenschaften. Damit nicht ganze Völkerschaften einfach übersehen werden, gründeten 1991 der tibetische Dalai Lama, australische Aborigines, Krimtataren und 12 weitere Völker in Den Haag diese UNPO, die „Organisation für nichtrepräsentierte Nationen und Völker".

Sie sieht sich selbst als Sammelbecken der Gestrandeten:

„Was ist schlechter als eine unfähige, korrupte Regierung? Überhaupt keine eigene Regierung zu haben, kann auch sehr unangenehm sein."

Die UNPO betreut mittlerweile von Abchasien über Taiwan bis Zanzibar rund 57 De-facto-Staaten, besetzte Gebiete und indigene Völker, zu denen insgesamt um die 150 Millionen Menschen gehören. Sie haben sogar eine Charta: UNPO

"Die Mitglieder verpflichten sich, sich in ihrer Arbeit von fünf Grundsätzen leiten zu lassen:

1. Akzeptanz der Gleichheit aller Nationen und Völker und Anerkennung des Selbstbestimmungsrechts

2.Beachtung der Menschenrechte, wie sie in der Allgemeinen Erklärung der Menschenrechte verzeichnet sind

3.Bekenntnis zu Demokratie und Pluralismus sowie Ablehnung von Totalitarismus und religiöser Intoleranz

4. Absage an den Terrorismus als Mittel zur Durchsetzung von Interessen

5.Respektierung aller Menschen und Bevölkerungsgruppen

Pro Jahr werden rund fünf Mitgliedsanträge bei der UNPO eingereicht. Die Ambitionen der UNPO-Mitglieder sind höchst unterschiedlich, erläutert Murphy:

„Nicht alle wollen wie Kosovo eigene Staaten werden. Ethnische Minderheiten wollen oft nur mehr Rechte. "

Dem Land Aceh etwa ging es um Autonomie innerhalb Indonesiens; und als die erreicht war, trat Aceh wieder aus der UNPO aus.

Die Hmong-Bewohner wären schon froh, wenn man sie am Leben ließe; 4.000 von ihnen wurden kürzlich aus einem thailändischen Flüchtlingslager nach Laos abgeschoben und sind seither „verschwunden".

Besonders große Schwierigkeiten haben auch die Uiguren und Mongolen in China, die Baloch und Sindh in Pakistan, die Ahwazi und Kurden im Iran.

Jedoch hat immerhin schon eine ganze Reihe Nationen die UNPO als Sprungbrett zur UNO genutzt: Estland, Lettland, Armenien, Georgien, Timor und Palau sind nun unabhängig.

Das UNPO-Jubiläum, das nächstes Frühjahr im Friedenspalast in Den Haag gefeiert werden soll, ist „bittersüß", meint UNPO-Generalsekretär Marino Busdachin: „Es gibt immer noch viele Völker der Welt, die marginalisiert und unterrepräsentiert bleiben."

Das müssen dann wohl die letzten sechs sein, die uns noch fehlten…

Die Tatsache, dass in den UN nur 193 von 256 Ländern/Staaten vertreten und - selbst bei wohlwollender Betrachtung - nur 120 davon einigermaßen demokratisch sind, stimmt nachdenklich. Es sind viel zu wenige, um sich Hoffnung auf eine bessere Welt machen zu dürfen. Denn nach allen Erkenntnissen der demokratischen Gesellschaften ist diese

Regierungsform diejenige, die ihren Bürgern die besten Lebensbedingungen bietet.

Es muss deshalb verstärkt versucht werden, die Demokratisierung weiterer Staaten voranzutreiben. Das Endziel muss es sein, dass alle Staaten der Welt Demokratien sind.

Die Trennung von Kirche und Staat

Eines der höchsten Güter der Menschheit ist ihr religiöser Glaube. Doch gleichzeitig ist es eines der größten Hemmnisse menschlichen Zusammenlebens zwischen unterschiedlich Glaubenden.

Schon immer in der Geschichte der Menschheit hat es grausame Glaubenskriege gegeben, die von gnadenloser Verfolgung Andersgläubiger bis zur Ausrottung ganzer Stämme und Völker leider bis heute andauern. Dabei gibt es in der Skala der Duldung große Unterschiede zwischen Anhängern eines Glaubens.

Während Christen beider Konfessionen, das Judentum, der Hinduismus und Buddhismus inzwischen friedlich miteinander auskommen zeigt sich der heutige Islam als grausamer Kritiker aller anderen Religionen und gnadenloser Verfolger sogenannter „Ungläubiger".

Die Soziologin und Vorstandsmitglied von Terres des Femmes Necla Kelek weist nach:

Die Muslime müssen sich die Frage stellen, warum ihre Religion in so großer Zahl Gewalttäter hervorbringt. Wer sich kritisch mit der Heiligen Schrift des Islam, dem Koran, auseinandersetzt erfährt: Mindestens 25-mal wird im Koran zu Tötungen von Ungläubigen aufgerufen. Mehr als 200 Stellen diskriminieren Andersdenkende, legitimieren Gewalt oder Straftaten im Namen der Religion. Die Muslime können nicht einen Glauben verteidigen, der eine Gesellschaft in Gläubige und Ungläubige trennt und gleichzeitig für Gleichheit ein dschihadistisches „Staatsbildungsprojekt" unterhält. Eben dies aber tut der Islam in Form seiner militanten Ableger.

Der Islamische Staat ist eine seit 2003 aktive terroristisch agierende sunnitische Miliz mit zehntausenden Mitgliedern, die derzeit Teile des Irak und Syriens kontrolliert und wo sie seit Juni 2014 als „Kalifat" deklariert in anderen Staaten aktiv ist und um Mitglieder für Bürgerkriege sowie Terroranschläge wirbt. Sie wird des Völkermords, der Zerstörung von kulturellem Erbe der Menschheit wie auch anderer Kriegsverbrechen beschuldigt.

Organisatorische Anfänge gehen auf den irakischen Widerstand zurück. 2004 war die Organisation unter al-Qaida im Irak (AQI), ab 2007 unter Islamischer Staat im Irak (ISI) und von 2011 bis Juni 2014 unter Islamischer Staat im Irak und in Syrien (ISIS) bzw. unter dem Namen Islamischer Staat im Irak und der Levante (ISIL) sowie auch unter dem *transkribierten arabischen Akronym Daesch bekannt.*

Nach der militärischen Eroberung eines zusammenhängenden Gebietes im Nordwesten des Irak und im Osten Syriens verkündete die Miliz am 29. Juni 2014 die Gründung eines Kalifats mit Abu Bakr al-Baghdadi als „Kalif Ibrahim – Befehlshaber der Gläubigen". Damit ist der Anspruch auf die Nachfolge des Propheten Mohammed als politisches und religiöses Oberhaupt aller Muslime verbunden.

Die Brutalität des „IS" ist grausam. So wurde beispielsweise ein Überlandbus mit bäuerlichen Passagieren im Irak von IS Kämpfern gestoppt. Sie stiegen mit Maschinenpistolen ein und forderten jeden der Fahrgäste dazu auf, Koranverse zu zitieren. Wer dies nicht konnte wurde erschossen und aus dem fahrenden Bus geworfen.

Inzwischen outet sich der „sogenannte Islamische Staat" durch brutale Tötungsakte mit Waffen, gestohlenen LKW und Sprengsätzen in der ganzen Welt. Er versucht bereits auch in Europa junge Menschen als IS Kämpfer zu rekrutieren und sie in ihren Heimatländern zum Terrorismus zu begeistern.

Inzwischen und nach langem entsetztem Zusehen ist die westliche Welt bereit, nicht mehr nur die Toten des Terrors zu beweinen, sondern zurückzuschlagen. Die USA und einige EU Staaten sowie Russland gehen mit Kriegswaffen gegen die Terroristen vor.

Inzwischen versinkt aber der gesamte nahe Osten rundum das Mittelmeer, besonders der Iran und Irak in Schutt und Asche und Hunderttausende von Bewohnern sterben als menschliche Geiseln oder auf der Flucht vor Krieg und Massenmord.

Besonders schlimm ist dabei die Tatsache, dass sich der Westen nicht stärker einmischt:

Während sich der syrische Staatchef Basha al Assad russischer Unterstützung seines Bürgerkrieges auch gegen sein ein eigenes Volk erfreut, sterben unschuldig Hunderttausende auf der Flucht aus ihren zerbombten Städten.

Die Zerstörungen unwiederbringlicher Kulturgüter wie Moscheen, antiken Kultstätten und ganzen Landschaften sei hier nur am Rande erwähnt – sie zeugen von der Missachtung der gesamten freien Welt.

Zurück zum Thema: Religion und Staatswesen haben in demokratischen Ländern kaum mehr gemeinsame Bedeutung. Es gibt nur noch wenige Staaten, die einer Staatsreligion Raum verschaffen.

In einigen islamischen Ländern ist die Verbindung zwischen Staatswesen und Religion jedoch nach wie vor umfangreich. Die inhaltliche Identifikation mit einer Religion geht einher mit der Verfolgung Andersgläubiger und insbesondere den von der Staatsreligion Abgefallenen.

Beispiele hierfür sind der Jemen und insbesondere Saudi-Arabien.

Der Staat hat hier auch die Aufgabe, die „wahre" Religion zu beschützen und zu bewahren, und sichert so den Zusammenhalt der Gesellschaft und die innenpolitische Stabilität.

Im extremsten Fall hält es der sogenannte Islamische Staat IS mit seiner militanten Anwendung der Staatsreligion, indem er sogar die Gründung eines Kalifats, in dem das Amt oder das Reich eines Kalifen, also eines „Nachfolgers" oder „Stellvertreters des Gesandten Gottes" existieren soll. Es stellt somit eine islamische Regierungsform dar, bei der die weltliche und die geistliche Führerschaft in der Person des Kalifen vereint sind.

Der sogenannte Islamische Staat existiert aber nur in den verwirrten Gehirnen seiner Begründer und Anhänger – die übrige Welt erkennt ihn in keiner Weise an.

Für die Entwicklung unserer Weltgesellschaft war Religion über Jahrtausende existentiell extrem wichtig. Davon zeugen bis heute die Monumente der Kirchen in aller Welt und tatsächlich noch die Macht des Katholizismus mit seiner greifbaren Existenz eines sogenannten „Stellvertreters Gottes auf Erden", dem Papst.

Andererseits scheint der Einfluss von Religion in den aufgeklärten Gesellschaften in der Ablehnung des Glaubens an Gott bzw. an Götter weiter zu schwinden.

Zu diesem Atheismus im weiteren Sinne zählt der Glaube, dass die Existenz von Gott bzw. Göttern ungeklärt oder nicht erklärbar ist. Im engeren Sinne bezeichnet er jedoch die Überzeugung, dass es Gottheiten nicht gibt.

Wo es nicht nur um einen Gott geht sondern – unbescheiden wie wir Menschen sind - auch noch um die eigene Wiedergeburt nach dem Tod oder wenigstens den Fortbestand seiner Seele, so hilft allenfalls der Hinduismus oder der Buddhismus.

Die meisten aufgeklärten ehemals christlichen Atheisten sehen indes ihren Körper wohl als nach dem Tod der Verwesung anheimfallendes und damit verlorenes Material an.

Ihre Seele gilt ihnen als immaterielle Erscheinung, die sich am Lebensende als die Summe ihrer geistigen Entwicklung zeigt als da sind: geerbte Gene der Eltern, gelerntes Wissen und Fertigkeiten, charakterliche Bildung und das Vermögen zu lieben, zu trauern, zu vergeben und friedlich zu sterben.

Damit ist die Seele im Augenblick des Todes dann ebenfalls unwiederbringlich erloschen.

Zur Trennung von Kirche und Staat gab es in deutschen politischen Gremien kürzlich interessante Diskussionen darüber, ob man den Gottesbegriff eigentlich noch in Gesetzesformulierungen braucht. Im Schleswig Holsteinischen Landtag wollte man gar die Floskel „so wahr mir Gott helfe" aus dem Gelöbnis bei der Vereidigung politischer Amtsinhaber streichen. Man einigte sich darauf, dies dem künftigen Amtsinhaber zu überlassen. Und so halten es die meisten Länder auch.

Fazit: Mit dieser Haltung bescheinigen moderne Demokratien sich, ihren „Untertanen" und der Welt ihre unbedingte Glaubensfreiheit und verbinden damit jede staatliche Einmischung in die privatesten Angelegenheiten ihrer Bürger als Tabu.

Ach – könnte man doch der ganzen Welt klarmachen, dass Toleranz dem Andersdenkenden gegenüber so viele Probleme lösen würde…

Ein alter Sinnspruch zum Thema Frieden lautet:

„Es kann der Frömmste nicht in Frieden bleiben, wenn es dem bösen Nachbar nicht gefällt. "

Friedrich von Schiller, in „Wilhelm Tell", 1802

Schlimm ist die Zurückhaltung zivilisierter Islamisten auch in den westlichen Ländern, die zwar den Terror verabscheuen, sich aber nicht selbst aktiv einmischen. Diese Menschen könnten und müssten z.B. dabei mithelfen, potentielle Gefährder in den eigenen Reihen zu identifizieren und sie den Sicherheitsbehörden zu melden. Dies könnte sicherlich auch anonym geschehen, um Leib und Leben von Informanden zu schützen.

Die Politik der Regierungen.

In allen Regimen der Welt geht es der Politik immer um das Gleiche: um Macht.

Die Monarchien haben ihren König, Kaiser oder wie immer der Guru heißt. Wenn er alleine ohne ein Parlament regiert, sichert oft allein das Militär seine Sicherheit und Geborgenheit – natürlich durch entsprechendes Wohlwollen und Entlohnung der Generäle und Soldaten.

Wähler gibt es nicht und deshalb gibt´s auch keine Wahlen. Punkt.

Bei den Diktaturen ist es das gleiche. Auch Punkt.

In allen Demokratien der freien Welt gibt es – relativ - freie Wahlen.

Aber es gehen immer weniger Wähler hin.

Warum?

Weil sie seit langem immer wieder erlebt haben, dass es Politikern nicht so sehr um die Wahrhaftigkeit und Ernsthaftigkeit ihrer eigentlichen Aufgabe geht, sondern um das eigene Fortkommen.

Es geht um Aufmerksamkeit, Pöstchen, Aufstieg und Geld – kurz ebenfalls um Macht.

Es ist nämlich die einzige Daseinsberechtigung einer politischen Partei, an die Spitze des Volkes zu gelangen, um die Regierung eben dieses Volkes zu übernehmen.

Und um dieses Ziel zu erreichen versprechen die Politiker dem Volk leider gerne goldene Berge. Ganz einfach?

Ja!

Die politischen Parteien in der Demokratie.

Wie kann ein Volk dazu gebracht werden, einen Regenten zu finden, von dem es geführt werden will?

Diese Aufgabe übernehmen in demokratischen Staaten meistens politische Parteien. Sie sollen auf möglichst breiter Basis der Willensbildung der Menschen dienen. Dazu ruft der Staat das Volk auf.

Er ermuntert die Parteien aber nicht nur dazu, tätig zu werden, sondern gibt ihnen auch reichlich Geld, mit dem sie ihre Geschäftsstellen, ihr Personal, ihre Werbung und ihre Wahlkämpfe bezahlen können. Daneben zahlen die zivilen Mitglieder der Parteien monatliche Beiträge (wie im Sportverein). Außerdem dürfen politische Parteien Spenden von privaten Parteifreunden, Interessenverbänden und Unternehmen entgegennehmen. Und sie dürfen sogar lukrative Geschäfte machen durch den Verkauf von Parteischriften, Vermietung und Verpachtung eigener Immobilien, Beteiligungen an Wirtschaftsunternehmen, Zinserträge aus eigenem Vermögen und ähnlichem. Ihren Reichtum und ihre Macht zeigen sie gerne mit monumentalen Bauwerken in den Großstädten der Republik: Jeder Bürger kennt die meist nach den langjährigen politischen Führern der Parteien benannten Denkmäler: Konrad Adenauer Haus in Mainz und Berlin, Willy Brandt Haus in Berlin, Hans Heinrich Genscher Haus in Berlin und manche Politchefs habe es sogar schon auf einen Airport geschafft wie Franz Josef Strauss in München und Helmuth Schmidt in Hamburg.

Alle politischen Parteien verfügen über stattliche Überschüsse und erzielen stolze Reinvermögen, die SPD im Jahr 2008 z.B. von knapp 190 Millionen Euro!

Die politischen Parteien in Deutschland haben derzeit rund 1,2 Millionen Mitglieder, die den Willen aller 71 Millionen wahlberechtigten Deutschen repräsentieren sollen (das sind gerademal 1,69 % der Bürger).

Wie funktioniert eine politische Partei?

Menschen, die sich für die Politik interessieren, gründen eine politische Partei. Das geschieht ähnlich wie bei der Gründung eines Vereins. Dazu müssen sich mindestens drei Freunde zusammentun und nach weiteren Mitgliedern suchen. Sie erfinden einen Parteinamen und ernennen einen Vorstand. Die Mitglieder des Parteivorstands erarbeiten ein Parteiprogramm mit den politischen Zielen, die der Verein erreichen will. Dann beruft er einen

Parteitag ein und lässt das Programm vom Vorsitzenden des Parteivorstandes den Mitgliedern erklären. Dieses Programm diskutieren die Mitglieder und verabschieden es als Zielvereinbarung.

Die Anzahl der Mitglieder, die mitdiskutieren dürfen, richtet sich nach der Anzahl der Gesamtmitglieder einer Partei. Da bei großen Parteien unmöglich alle Mitglieder gleichzeitig das Programm diskutieren können, lässt man die Diskussion über das Parteiprogramm zuerst in vielen sogenannten Ortsvereinen und in wenigeren Kreisverbänden durchführen. Danach entsendet jeder einzelne dieser „Untervereine" eine errechnete kleine Anzahl seiner „besten" Delegierten zum Parteitag. Die anwesenden Delegierten sollten dann schließlich die „Creme" aller Parteimitglieder bilden, damit eine Diskussion des Parteiprogramms auf breiter Basis des Volkes – nämlich demokratisch - auch wirklich dessen Willen wiederspiegelt und verkündet wird.

Nun aber kommt der Faktor Mensch mit all seinen Facetten ins Spiel als da sind: Geltungsdrang, Eitelkeit, Besserwissen. Da gibt es Redegenies und Wortverdrehungskünstler, Demagogen und Wahrheitsbeschwörer,

Schwätzer und Lügner – kurz die ganze Breite menschlicher Unarten.

Parteimitglieder sind aber größtenteils nur politisch interessierte Laien und damit einfache Parteisoldaten. Sie werden aller Erfahrung nach dem jeweiligen Vorsitzenden der Untervereine mehrheitlich zustimmen, denn damit erringen sie dessen Wohlwollen und es gelingt einigen wenigen sogar aufzusteigen und Posten innerhalb der Parteigremien zu ergattern, um es schließlich ganz nach oben in den Gesamtparteitag zu schaffen. Wer dort oben angekommen ist hat schließlich große Chancen, in eine Regierung berufen zu werden und damit hohe und gut dotierte Posten wie Fraktionsführer, Staatssekretär, Minister oder gar Staatschef zu werden.

Ist das nun Demokratie und in Ordnung?

Ja und nein!

Die hier geschilderte Form der Demokratie ist die einer sogenannten parlamentarischen Demokratie. Daneben existiert – allerdings in nur wenigen Staaten der Welt und sehr eingeschränkt auf bestimmte Politikfelder - in der Schweiz, in Österreich und Liechtenstein sowie in Übersee den US Staaten Oregon und Kalifornien – eine sogenannte direkte Demokratie. Deren Entscheidungsfindung basiert dann auf Volksentscheiden. Das allerdings auch seit nunmehr hundert Jahren!

Das Manko politischer Willensbildung durch die Parteien: Es ist der Wille des Vorstandes, meist sogar nur der des Parteivorsitzenden, der die Meinung des Volkes in seinem Parlament verkündet. Mit Demokratie hat das wenig zu tun. Und deshalb gehen immer weniger Wähler wählen. Das Credo des einfachen Mannes auf der Straße lautet nicht umsonst schon lange:

„Ach – die da oben machen doch sowieso was sie wollen…".

Die Entscheidungsprozesse in der Politik

... sind mühselig, langsam und wenig transparent. Jedenfalls in den reinen Demokratien.

Während Monarchien und vor allem Diktaturen meist mit einsamen Entscheidungen und Basta-Urteilen Befehle erteilen, quälen sich die Parlamente der demokratischen Welt durch endlose Debatten, die oft genug im Nirwana enden, weil man sich nicht einigen konnte oder wollte.

Das liegt vor allem an der Parlamentsstruktur mit ihrem Mehrheitswahlrecht.

Die Mitglieder der politischen Parteien verstehen ihre Aufgabe darin, einen Pro- und mindestens einenr, manchmal gleich mehrere Kontrablöcke auf die Beine zu stellen. Die Misere daraus ist unausweichlich:

Während die Einen (die Regierungspartei) immer ja sagen, beharren die Anderen (die Oppositionen) grundsätzlich auf Nein. Und das auch bei Problemen, die man gemeinsam durchaus zum Positiven lösen könnte. Es gibt eben nur Kontra, kaum aber jemals Konsens.

Im äußersten Fall, wenn sich die Mitglieder der politischen Parteien partout nicht intern einigen können, kennt man den

„Fraktionszwang". Darin wird den Mitgliedern einer parlamentarischen Fraktion ein einheitliches Abstimmungsverhalten aufgezwungen. Es betont eindeutig den Druck, dem einzelne Abgeordnete von Seiten der Fraktionsführung und anderen Fraktionsmitgliedern ausgesetzt sind, eigene Positionen zugunsten der Fraktionssicht zurückzustellen.

Der Fraktionszwang ist in Deutschland, Österreich, der Schweiz und vielen anderen Ländern verfassungswidrig. In Deutschland besagt das Grundgesetz, dass Abgeordnete an Aufträge und Weisungen nicht gebunden und nur ihrem Gewissen unterworfen sind. Trotzdem halten sich die Abgeordneten bei einem Großteil der Abstimmungen im Parlament an die Vorgaben ihrer Fraktionsführung. In einer Parteiendemokratie existiert immer ein indirekter Fraktionszwang, da eine Partei Sanktionen androhen oder ausüben kann, etwa indem sie die Wiederwahl eines „Abweichlers" nicht unterstützt.

Manchmal – aber nur wenn anders keine Mehrheit und damit eine stärkste Kraft zum Regieren erreicht werden kann - versuchen politische Parteien, Partner zu finden und Koalitionen zu schmieden. Dann wird es noch schlimmer.

In Tage-, Nächte- oder Monatelangen Koalitionsgesprächen nötigt man sich zähneknirschend ein „naja" ab, das dann aber von der nächsten Handlungsebene, den Ministerien und Behörden, nur halbherzig und widerwillig umgesetzt wird – je nachdem welche Partei den jeweils betreffenden (oder betroffenen) Minister stellt. Am Ende kommt dabei oft heraus, dass das alles eigentlich gar nicht geht. Und dann geht auch wirklich nix mehr!

Der GAU (größter anzunehmender Unfall) entsteht dann, wenn politische Parteien sich nach einer Regierungswahl – in Deutschland z.B. einer Bundestagswahl – nicht verständigen können, wer mit wem koaliert (oder eben nicht) und damit die Regierungsbildung der unmittelbaren Zukunft des Landes verhindert. In Belgien dauerte dies bei der letzten Wahl im Jahr 2015 sage und schreibe 564 Tage, an denen das Land praktisch unregierbar war.

Die Lage der Parteienlandschaft in Deutschland ist derzeit bei den Wahlen zum 19. Bundestag geradezu grotesk:

Es konkurrieren 15 Parteien,

die Christlich demokratische Union CDU,

die Sozialdemokratische Partei Deutschlands SPD, das Bündnis 90 - Die Grünen, die Alternative für Deutschland AfD, Die Linke, die Freie Demokratische Partei FDP, die Christlich-Soziale Union in Bayern CSU, die Freie Wähler Deutschland, die Liberal konservative Reformer, der Südschleswigsche Wählerverband SSW, die Bürger in Wut BiW, die Nationaldemokratische Partei Deutschlands NPD, die Ökologisch-Demokratische Partei, DIE PARTEI, Partei für Arbeit, Rechtsstaat, Tierschutz, Elitenförderung und basisdemokratische Initiative, und die PIRATEN, von denen indes nur sieben mit Sitzen im Bundestag erfolgreich genug sind, um sich einmischen zu können.

Es sind die CDU, CSU, SPD, Grüne, FDP, AfD und Linke.

Zur Bildung einer Regierung bedarf es einer Mehrheit im Bundestag, die nur durch eine Koalition mehrerer Parteien möglich ist, falls keine Partei allein die absolute Zustimmung der Wähler errungen hat.

Nun geht das Gezerre um die möglichen Partner, aber auch über die begehrten Posten los. Das Hauptproblem besteht darin, dass sich einzelne Parteien auf eng begrenzte Themen beschränken, die sie natürlich unbedingt durchsetzen wollen. Untersucht man nun, welche Partei für bestimmte Inhalte kämpft, so könnte man versucht sein, dies an ihren Namen zu erkennen. Dann wären:

nur zwei der sieben Parteien christlich. Alle anderen nicht?

Sozial sind auch nur zwei. Schade!

Gleich drei sind demokratisch. Aber nur drei?

Nur eine hält sich für frei. Frei wovon?

Sind Grüne nur nett zu den Spinatbauern?

Sind Linke etwa Kommunisten?

Endlich: Eine will alles alternativ machen…

Ein Nebenproblem besteht darin, dass sich gewisse Personen unter den Politikern nicht leiden können. Die Folge sind monatelange Verhandlungen, an deren Ende es zwei Lösungen gibt:

Lösung 1 wenn gar nichts geht: Neuwahlen – das ganze nochmal (und wenn's sein muss auch gleich mehrmals).

Lösung 2 ist eine Regierung, deren Mitglieder sich in nächtelangen, ermüdenden und nervenaufreibenden Schuldzuweisungen um den sogenannten kleinsten gemeinschaftlichen Nenner einer Bruchrechnung zerstritten haben, die sich bald danach als die schlechteste aller Regierungen erweist. Luftschlösser aus großartigen Ideen werden zu kleinlichen Kompromissen zerstampft. Kontext weicht Konfrontation.

Der „Koalitionsfrieden", der eine lange vierjährige Legislaturperiode zu überstehen hat, wird ein einziger interner Feldzug werden, der die Stimmung im Kabinett vergiftet, ein erfolgreiches einverständliches Regieren unmöglich macht und beim Wahlvolk in der allgemeingültigen resignierenden Floskel gipfelt:

„Die da oben machen doch sowieso, was sie wollen!"

Nein!!!
Demokratien brauchen neue Verfahren der Führung und Entscheidung.

Hört man nicht seit Langem immer mal wieder den Slogan „Mehr Demokratie wagen"? Selbst von manchen Politikern (noch hinter vorgehaltener Hand)?

Aber - warum denn eigentlich nicht?

Wie wäre es, wenn man den Willen eines Volkes – und nichts anderes bedeutet ja das Wort Demokratie – eben diesem Volk direkt überträgt?

Zum Beispiel in Deutschland durch Abstimmung von 71 Millionen wahlberechtigten Bundesbürgern, die alle ein Handy besitzen, per Internet.

Selbst wenn deren Wahlbeteiligung nur 50 % betrüge wären das immer noch 35,5 Millionen Wähler und nicht nur 1,69 % der 1,2

Millionen Parteimitglieder, die den Willen aller 71 Millionen wahlberechtigten Deutschen repräsentieren sollen.

In der immer stärker digitalisierten und vernetzten Welt der hochtechnisierten Länder könnte man schon bald sogar auf das Instrument der politischen Parteien und der Parlamente verzichten und eine totale Demokratie einführen.

Das beweist auch eine neue Studie der renommierten FU Berlin, deren Oskar-Stuhr-Institut für Politikwissenschaft in einem Modellversuch ein modernes Regierungsinstrument demokratischer Staaten entwarf und mit 2000 Studenten und deren 30 Professoren als „Testvolk" verblüffende Wahrheiten deutlich macht.

Sie entdeckten nämlich, dass die intellektuelle Qualität einer ganzen Nation in keiner Weise derjenigen einer winzigen Menge von sogenannten Abgeordneten nachstand. Im Klartext bedeutet dies, dass 71 Millionen Bürger genauso schlau sind wie das ganze Parlament. Die Bürger waren also ebenso christlich und demokratisch wie CDU und CSU, genauso frei und grün wie FDP und Grüne und sozial erst recht wie CDU und CSU. Und die Linken wie die Anderen wollte weder die eine noch die andere Seite.

153

Also – wozu braucht Deutschland dann noch politische Parteien und den Bundestag?

Die Zusammensetzung und Arbeitsweise des Parlaments in einem demokratisch regierten Land am Beispiel Deutschland.

Der Deutsche Bundestag ist eine riesige Bürokratiemaschine mit über 3000 Beschäftigten, die sich in einem – für Außenstehende schier undurchdringlichen - Dschungel von tausenden Gesetzen, Verordnungen und Richtlinien zurechtfinden müssen.

Allein die Anzahl der Abgeordneten betrug während der vergangenen Legislaturperiode in 2013 631 Personen. Im Wahljahr 2017 wird sie sogar wegen der sog. Überhangmandate 709 Personen umfassen, womit der Deutsche Bundestag das größte frei gewählte Parlament der ganzen Welt sein wird.

Übrigens: Abgeordnete sind nicht etwa ausgebildete Berufspolitiker (ein Beruf, den es gar nicht gibt) sondern politisch interessierte Menschen aus allen Berufsgruppen der Republik, also politische Laien.

Die Zusammensetzung der im Bundestag vertretenen Abgeordneten war 2013 folgenden Berufsgruppen zuzuordnen:

Öffentlicher Dienst,
Beamte,
Angestellte 192 = 30,4 %
Politische und
gesellschaftliche
Organisationen 106 = 16,8 %
Freie Berufe, Anwälte,
Ärzte, Künst 121 = 19,2%
Wirtschaft
(unselbständige) 104 = 16,5%
Wirtschaft (selbständige) 47 = 7,4 %
Kirchen 7 = 1,1 %
Sonstige (unselbständige) 5 = 0,8 %
Hausfrauen 3 = 0,5 %
Arbeitslose 1 = 0,2 %
Ausbildung
(Schüler,Studenten,u.ä.) 9 = 1,4 %
Sonstige 36 = 5,7%

Darin fällt eine deutliche Mehrheit von Mitgliedern des öffentlichen Dienstes auf, die überwiegend keine eigentliche Berufsausbildung besitzen, sondern behördenspezifisch geschult oder angelernt worden sind.

Diese Personen können sich unter Hinweis auf eine Tätigkeit in einer politischen Organisation sehr einfach beurlauben lassen und bei Beendigung ihres Mandats als

Abgeordnete in ihre oder eine andere Behörde zurückkehren.

Die zweitgrößte Gruppe der Abgeordneten bilden Freiberufler wie die Anwälte.

Negativ an dieser Verteilung von Berufen ist die Tatsache, dass sie den öffentlichen Dienst überrepräsentiert abbildet, während andere Berufe wie die Landwirte und die selbständigen Unternehmer weit abgeschlagen zurückliegen. Auch hier zeigt sich ein deutliches Manko einer parlamentarischen Demokratie ab:

Die fachlichen Kompetenzen der Entscheidungsträger, die die Fähigkeiten eines ganzen Volkes in der Regierung darstellen sollten, fehlen im Parlament. Benötigt würde vielmehr ein Schlüssel, der alle Wähler mit all ihren beruflichen Qualitäten im Parlament abbildet.

Stattdessen zeigt der Deutsche Bundestag das Bild etlicher Interessengruppen von Opportunisten, die auf Kosten des Volkes in Höhe von z.Zt. (2014) 765 Millionen €uro ein recht angenehmes Leben führen:

Die Abgeordneten verbringen ihre monatliche Arbeitszeit zu etwa zwei Wochen im Bundestag im Plenum, in Ausschüssen, Arbeitsgruppen usw. und zwei Wochen außerhalb des Bundestages, z.B. in ihrem

Wahlkreis am Heimatort oder auf berufsbedingten Reisen.

Ihre Anwesenheitspflicht im Plenum des Bundestages beschränkt sich auf Sitzungstage ihrer Fraktion oder des gesamten Hauses.

Die Abgeordneten sind weitgehend immun gegen Strafverfolgung. Sie sind auch nicht an Weisungen gebunden, sondern nur ihrem Gewissen verpflichtet.

Abgeordneter im Deutschen Bundestag zu sein ist nicht nur einen große Ehre sondern auch eine sehr gut bezahlte Tätigkeit.

Der Abgeordnete erhält eine sogenannte steuerfreie Kostenpauschale von rd. 4300 € sowie Diäten in Höhe von rd. 13 000 monatlich €. Dieser Betrag entspricht etwa dem eines Richters an einem obersten Bundesgerichtshof, der etliche Semester Jura und noch viel mehr Berufsjahre auf dem dann schon alten Buckel hat.

Falls sich ein Abgeordneter für sein Büro im Bundeshaus einen Mitarbeiter leisten möchte, bekommt er weitere Aufwandsentschädigungen von rd. 21000 € monatlich.

Für Reisen innerhalb Deutschlands erhält er eine Bahnfahrkarte 1. Klasse, die er auch zu privaten Reisen nutzen darf. Innerhalb seines Dienstortes Berlin fährt er kostenfrei in einer

Staatslimousine mit Fahrer und innerhalb Deutschlands wird auch ein Flugticket erstattet.

Durch seine Zugehörigkeit zum Deutschen Bundestag ab zwei Legislaturperioden – also nach acht Jahren – erwirbt der Abgeordnete bereits eine spätere Rente von monatlich rd.1860 €. Schafft er gar 18 Jahre Bundestag, dann kann er schon mit 56 Jahren in Rente gehen.

Man erkennt mühelos, dass Abgeordneter im Deutschen Bundestag eine gesuchte Beschäftigung sein kann, die manch einen schwer malochenden Normalbürger ärgert. Und das umso mehr, als sich die deutsche Politpresse nicht gerade jubelnd über die Arbeit des Parlaments äußert.

Eine repräsentative Umfrage wurde vom Meinungsforschungsinstitut Forsa für den SPIEGEL durchgeführt, das 1002 Bundesbürger befragte. Das Ergebnis:

„Das Image der wichtigsten Volksvertreter ist miserabel: Nur jeder vierte Bürger vertraut der Arbeit des Bundestags. Noch schlechter sind laut einer Umfrage des „Stern" sogar noch die Ansichten über die Kompetenz der Politiker.

Auf die Frage, ob die meisten Abgeordneten ihre Arbeit engagiert und sachgerecht verrichten würden, antworteten zwei von drei Bürgern (66 Prozent) mit „Nein".

Dementsprechend schlecht ist auch die Einschätzung der Güte der Entscheidungen. Nur 24 Prozent gaben an, Vertrauen in die Arbeit der Parlamentarier zu haben. Große Zweifel hegen die Deutschen daran, dass die Mitglieder des Bundestags angesichts der schwierigen Probleme noch den Überblick behalten. 81 Prozent meinen, die Abgeordneten seien überfordert. Nur 15 Prozent glauben, dass die Parlamentarier noch der Situation gewachsen sind.

Als ein Ärgernis sieht eine große Mehrheit der Befragten den starken Druck von Interessengruppen auf die Mitglieder des Parlaments an. Nach dem Eindruck von 75 Prozent der Deutschen üben Lobbyisten zu viel Einfluss auf politische Entscheidungen aus. Nur 16 Prozent glauben das nicht.

Ärgerlich finden es auch viele Bürger, dass die Politik viel zu häufig teure Gutachten an Dritte in Auftrag gibt, weil die Kompetenz der Parlamentarier offenbar nicht ausreicht, um selbst zu entscheiden.

Ärger über leere Sitzreihen:

Mehr als drei von vier Bürgern wünschen sich zudem weniger konforme, also nach den Maßgaben von Partei und Fraktion ausgerichtete, Entscheidungen der Abgeordneten. 77 Prozent vertraten in der

Umfrage die Auffassung, ein Abgeordneter solle generell nur seinem Gewissen folgen und von der Linie seiner Partei abweichen dürfen. 20 Prozent möchten hingegen, dass Parlamentarier sich in erster Linie nach den Zielen ihrer Partei richten sollen.

Unverständnis zeigten die Befragten angesichts leerer Reihen im Bundestag. 75 Prozent wünschen, dass bei Sitzungen das Plenum gut besetzt ist. Lediglich 21 Prozent können die Terminnöte der Abgeordneten nachvollziehen.

Forsa-Chef Manfred Güllner zeigte sich laut „Stern" überrascht über die stark negativen Werte. Die Deutschen seien überzeugte Demokraten, daher sei es erschreckend, dass die Abgeordneten so schlecht bewertet werden.

Als ein letztes Argument gegen den parlamentarischen Staat mag eine Betrachtung der Kostensituation dienen:

Allein die Bundesregierung mit allen ihren Dienststellen, dem Bundestag und Bundesrat sowie den angegliederten Behörden kosteten im Jahr 2014 296 Milliarden Euro!

Der gesamte Staatshaushalt Deutschlands verfügte im gleichen Jahr zwar über 1,3 Billionen Euro an Einnahmen, war aber mit 2,6 Billionen Euro verschuldet.

Noch Fragen?

Die Gebietsformen der Staaten

Die Staaten der Welt gleichen sich bekanntlich nicht alle in ein- und derselben Organisationsform. Man unterscheidet – meist geografisch – Staatenbünde mit Bundesstaaten, die - oft historisch gewachsen - innerhalb der Staatsgrenzen eigenständige Gebilde vereinen, die sich dann z.B. Bundesländer oder Bundesstaaten nennen. Solche Gebietsformen findet man in immerhin 23 Staaten der Welt, nämlich in:

Argentinien	Mexiko
Australien	Mikronesien
Äthiopien	Nepal
Belgien	Nigeria
Bosnien/	Österreich
Brasilien	Pakistan
Deutschland	Schweiz
Indien Irak	Sudan
Kanada	Südsudan
Komoren	Venezuela
Malaysia	USA

die in vielfältiger Weise gänzlich autonom oder nur teilweise selbständig sind.

Deutschland lebt in der politischen Form einer föderalistischen Bundesrepublik.

Deshalb gibt es hier 16 relativ autonome Bundesländer und einige wenige Fachbereiche, die ausschließlich die Bundesregierung in Berlin regelt wie z.B. die Bundeautobahnen und Bundeswasserstraßen, während die Schulen und die Universitäten in die Verantwortungsbereiche der Bundesländer fallen.

Diese Staatsform ist uns nach dem zweiten Weltkrieg nicht von selbst eingefallen, sondern sie wurde uns von den Siegermächten USA, Frankreich, Russland und England verordnet mit dem Ziel, die Bildung eines neuen Zentralstaates wie den des Hitler Regimes zu verhindern.

Das war den Siegermächten damals angesichts der Schreckensherrschaft der Nazis nicht zu verdenken.

Inzwischen dürften wir aber in den Augen der Freien Welt genügend Vertrauen erworben haben, um uns Gedanken darüber zu machen, ob der Föderalismus die geeignete Staatsform für uns ist. Neben diesen beiden Gebilden gibt es eine große Anzahl aller denkbaren Mischformen der Staaten dieser Welt.

Es genügt aber, sich die Grundzüge der beiden Extreme vorzustellen um zu erkennen, wo die Vor- und Nachteile liegen.

Es gibt viel Kritik am

Föderalismus am Beispiel Deutschland:

Die Aufteilung einer Nation in 16 Bundesländer auf relativ kleiner Fläche des Gesamtstaates erinnert fatal an die Kleinstaaterei des Mittelalters. Es gibt heute zwar keine Handelsgrenzen mit Zollstationen und kaum noch nachts geschlossenen Stadttoren mehr, aber sonst ist eigentlich alles wie anno dazumal:

16 Landesregierungen mit eigenen Parlamenten, eigenen Landesministerien, eigener Justiz, Gerichten und Polizeien, ja – selbst mit eigenen Bezeichnungen wie „Freistaat Bayern", „Freie und Hansestadt Hamburg" usw. sind nicht nur restlos überholt, sondern auch ineffektiv, unmodern und viel zu teuer!

Dazu gibt es handfeste Hinweise dafür, warum eine Föderation nicht funktioniert:

Darf es sein, dass jedes Bundesland eigene Schulen und Universitäten mit eigenen Lehrplänen, Zeugniskriterien und Zulassungsbestimmungen zu den Studienprogrammen haben? Und somit im Falle des Umzuges einer Familie in ein anderes Bundesland den Wechsel der Schule oder Uni unnötig erschwert? Und dazu auch noch behaupten, besser auszubilden als andere? Darf ein frisch gebackener Arzt aus Marburg besser sein als der aus Kiel?

Muss es sein, dass es reiche und arme Bundesländer gibt, die im Rahmen eines sog. Länderfinanzausgleichs jedes Jahr mit dem Bund neu verhandeln – ja – betteln müssen, um ihre notwendigen Investitionen bezahlen zu können?

Ist es nicht diskriminierend, wenn einzelne Bundesländer aufgrund der mehrheitlichen Zugehörigkeit ihrer Bevölkerung zu ihren Religionen bis zu neun Feiertage mehr genießen als andere?

Und fällt es nicht langsam auf, dass die Kommunikation der Strafverfolgungsbehörden untereinander mehr als schlecht ist und deshalb katastrophale Fehler bei der Bekämpfung von Kriminalität auftreten?

Und schließlich: Muss es den Menschen in unserer Republik nicht zuerst darauf ankommen Deutsche zu sein und erst dann Bayern?

Könnte sich das Volk nicht darauf verständigen, einzelne der vielen Bundesländer zu einer geringeren Anzahl von Bezirken zusammen zu schließen?

Wie wäre es denn, wenn aus Bremen, Schleswig-Holstein, Hamburg, Mecklenburg-Vorpommern und Brandenburg das „Nordland" mit der Landeshauptstadt Hamburg oder Schwerin würde?

Natürlich würden die „Herrscher" und erst recht die Einwohner dieser Länder mit einem Aufschrei auf ihrer landsmannschaftlichen Herkunft mit all ihren Sitten und Gebräuchen bestehen. Aber die würde ihnen ja niemand nehmen. Wer weiterhin „Meckelborger Platt" sprechen will, der wird ebenso wenig bestraft werden wie der Bremer, der am liebsten Kohl mit Pinkel isst.

Auch würde außer der „Verschlankung" der Landespolitik doch in den Städten und Gemeinden alles beim Alten bleiben – Landräte und Bürgermeister in den Rathäusern hätten nichts zu befürchten.

Das den Bundesstaaten entgegengesetzte Staatenmodell nennt sich

Zentralstaat

und der ist innerhalb seiner Staatsgrenzen allein für sämtliche Angelegenheiten aller Gebiete und deren Bewohner verantwortlich.

Der Zentralstaat funktioniert auf der Basis „alles hört auf mein Kommando". Gemeint ist dann vor allem der Regierungschef und seine Mannschaft.

Wenn es ein guter Chef im Zentralstaat ist, der alles richtig macht und dessen Staatsvolk nur wenig Grund zum Meckern verspürt, herrscht der Himmel auf Erden.

Solche Staaten gibt es. So sind zum Beispiel die Norweger die glücklichsten Menschen der Welt, obwohl sie in einem Zentralstaat – allerdings mit einem König, einem starken Parlament und in nur fünf Verwaltungszonen – leben, der laut dem Demokratie-Index sogar der demokratischste Staat Welt ist und dazu auch noch wohlhabend.

Für den am „Weltglückstag" veröffentlichten UN-Bericht haben Forscher der New Yorker Columbia University sowie internationale Experten 155 Länder untersucht und auch jeweils mehr als 3.000 Menschen befragt. Kriterien sind unter anderem das Bruttoinlandsprodukt, die Lebenserwartung, geistige Gesundheit, die Selbstwahrnehmung der Einwohner, die Stärke des sozialen Umfelds, aber auch das Vertrauen in Regierung und Unternehmen sowie Arbeitslosigkeit.

Dabei betonen die Forscher, dass persönliches Glück stark mit dem Zustand der Gesellschaft und dem sozialen Umfeld verbunden sei. Großzügigkeit, Solidarität, Freiheit für eigene Lebensentscheidungen und Vertrauen in Regierung und Behörden seien wichtige Faktoren für individuelles Glücksgefühl.

Erstaunlich für die Wissenschaftler: Norwegen hat die Top-Position trotz des schwächer werdenden Ölpreises und damit trotz geringerer Staatseinnahmen erobert. „Manche sagen sogar, dass Norwegen seinen hohen Glücksstandard nicht wegen seines Ölreichtums erreicht, sondern trotz des Ölreichtums", so die Wissenschaftler. Das Land habe sich entschlossen, die Vorkommen nur langsam auszubeuten und die Gewinne in Zukunftsprojekte zu investieren. Dies gelinge nur, weil es in der Bevölkerung ein hohes Vertrauen, gemeinsame Ziele, Großzügigkeit und gute Regierungsführung gebe.

Glaubt man dem in New York veröffentlichten fünften „World Happiness Report 2017", leben die glücklichsten Menschen ebenfalls im Norden Europas. Zwar blieben die Staaten in den Top Ten die gleichen wie im Vorjahr, doch gab es einige Platzierungswechsel: An der Spitze liegt nun erstmals Norwegen, das von Platz vier auf die Pole Position vorrückte und damit Dänemark überholte. Es folgen Island, Schweiz sowie Finnland, die Niederlande, Kanada und Neuseeland.

Deutschland stagniert auf Platz 16 - hinter den USA, Israel und Costa Rica, aber vor Großbritannien und Frankreich. (vielleicht, weil es ein föderalistischer Staat ist?).

Ganz anders sieht die Welt in China aus:

Chinesen werden durch Wohlstand nicht glücklicher! Dass Glück und steigende Einkommen nur bedingt zusammenhängen, demonstriert der Weltglücksbericht auch am Beispiel Chinas (Rang 79). „Die Menschen in China sind nicht glücklicher als vor 25 Jahren", heißt es - und das, obwohl sich das Bruttosozialprodukt seit Anfang der 90er Jahre verfünffacht habe und fast jeder städtische Haushalt mittlerweile über Fernseher, Waschmaschine und Kühlschrank verfüge. Demgegenüber sei der Glücks-Index bis 2005 ständig gefallen und habe sich inzwischen wieder auf den Wert von 1990 erholt. Als Ursache sehen die Forscher steigende Arbeitslosigkeit und löchriger werdende soziale Netzwerke.

Rezessive Glückswerte sieht die Studie trotz steigender Durchschnittseinkommen und eines wachsenden Bruttosozialprodukts auch in den USA: Das Land richte seinen Blick zu sehr auf Wirtschaftszahlen, heißt es in dem Bericht. Abnehmende Solidarität, Korruption,

Misstrauen und ethnische Gegensätze wiesen auf eine wachsende soziale Krise.

Afrika wartet auf das Glück.

Am wenigsten Glück empfinden laut dem Bericht die Menschen in der Zentralafrikanischen Republik, Burundi und Tansania. Überhaupt liegen die meisten Länder der 30 hinteren Ränge in Afrika. Dazu kommen Bürgerkriegsländer wie Syrien, Afghanistan, Ukraine und Jemen sowie Haiti.

Das Afrika-Kapitel haben die Autoren mit dem bezeichnenden Titel „Warten auf das Glück" überschrieben. Grundsätzlicher Optimismus und hohe Belastbarkeit auf der einen Seite, Korruption und ein ausuferndes Bevölkerungswachstum auf der anderen: Es gebe eine verbreitete Enttäuschung vieler Afrikaner darüber, dass sich die Lage nicht grundsätzlich verbessert habe.

Die wichtige Erkenntnis der Forscher ist erstaunlich, aber zu erwarten:

Die 8 glücklichsten Länder sind zugleich die im Demokratie-Index vorn liegenden! Nämlich:

1 Norwegen	*5 Dänemark*
2 Schweden	*6 Schweiz*
3 Island	*7 Kanada*
4 Neuseeland	*8 Finnland*

Die Demokratisierung der Dritten Welt.

Wir sind uns einig:

Der Schlüssel zu einer befriedeten Weltbevölkerung, die ohne Konflikte in Freiheit, Sicherheit und Zufriedenheit miteinander lebt, heißt Demokratie – Herrschaft des Volkes!

Wie lautet die Aufgabe?

Die noch kleine Welt der 24 in den UN versammelten vollständig demokratischen Staaten soll der riesigen Welt der 169 (noch) nicht vollständig demokratischen Staaten dabei helfen Demokratien zu werden.

Wie macht man das?

1.Durch direkte Ansprache der betreffenden Staaten bei den regelmäßig in New York stattfindenden Vollversammlungen der UNO-Mitglieder jährlich im September.

Jeder Mitgliedstaat verfügt in der Generalversammlung über eine Stimme. Auf Kriterien wie Größe, Bevölkerungszahl oder Wirtschaftskraft kommt es nicht an. Die Beschlussfassung erfolgt bei wichtigen Fragen mit einer Mehrheit von zwei Dritteln der anwesenden und abstimmenden Mitglieder.

2. Durch Vorleben:

Wir Demokraten zeigen dem Rest der Welt, wie es uns geht, indem wir ihn zu uns einladen.

Jeder Mensch, der sich unsere Demokratie aus nächster Nähe persönlich ansehen will, ist uns grundsätzlich* herzlich willkommen.

Er braucht uns nur seinen gültigen Reisepass zu zeigen und schon darf er sich 90 Tage lang in unserem Land aufhalten und frei bewegen. Darüber hinaus steht natürlich jedem anderen Weltbürger jede öffentliche Information über unser Land wie z.B. das Internet zur Verfügung (wenn ihm sein eigenes Herkunftsland das nicht verbietet).

3. Durch zeitweise Einbürgerung:

Bürger von Staaten außerhalb der Europäischen Union brauchen für längere Aufenthalte z.B. um in der EU zu lernen oder zu arbeiten ein besonderes Visum. Dieser Personenkreis eignet sich natürlich besonders gut als Sympathieträger, der seine Erkenntnisse über das Leben in einer vollständigen Demokratie in sein Heimatland mitnimmt, um sie dort zu verbreiten und damit für die Demokratie zu werben.

*siehe ggf. im Web unter „Auswärtiges Amt", Zuwanderungsgesetz, Aufenthaltstitel, Aufenthalt zum Zwecke der Ausbildung, Arbeitsmigration.

4. Durch die Aufnahme von Migranten:

Menschen, die aus ihren Heimatländern wegen unerträglicher Lebensumstände wie Bürgerkrieg, Arbeitslosigkeit, Hunger, politischer Verfolgung oder Vertreibung fliehen, können von vollständigen Demokratien als Asylsuchende aufgenommen werden und dauerhaft unter Einbürgerung dort bleiben.

Dieses Verhalten demokratischer Staaten kann von den Herkunftsländern der Migranten einerseits begrüßt werden (ein Glück, dass wir die los sind.)

Vielleicht beschämt man sie aber doch, weil ihr Verhalten als dunkler Fleck auf ihrer vermeintlich weißen Weste bleibt und diese Länder sich doch noch umstimmen lassen, demokratisch zu werden.

5. Durch politischen Druck der UN:

Denkbar wäre es, Staaten die sich hartnäckig weigern, ihre Staatsform in Richtung Demokratisierung zu ändern, von den Segnungen der UN auszuschließen, als da sind:

Mitgliedschaft in den Organisationen der Weltbank, des Internationalen Währungsfonds und der Internationalen Bank für Wiederaufbau und Entwicklung, die allesamt an der Weiterentwicklung der ärmsten Länder der Welt mitwirken durch Vergabe von Krediten, technischer Hilfe und Beratung. Zu diesem

Ausschluss müsste allerdings wohl die UN-Charta geändert werden.

6. Letztendlich durch die Entziehung der Mitgliedschaft:

Diese Maßnahme muss vom Sicherheitsrat der UN beschlossen werden. Wenn der Sicherheitsrat gegen Mitglieder Zwangsmaßnahmen verhängt, kann die Generalversammlung auf Empfehlung des Sicherheitsrats die Rechte aus einer Mitgliedschaft zeitweilig entziehen.

Falls diese Maßnahme angewendet wird, mussdie Reaktion der bisher regierenden Klasse des auszuschließenden Mitgliedslandes zeigen, ob sie sich der neuen Gewalt einer demokratischen Regierung beugt, um in der UNO zu verbleiben.

Leider zeigen die Erfahrungen mit bisher doktrinären Staaten, dass die solcherart entmachteten Staatsführungen trotz ihrer Niederlage alle Hebel in Bewegung setzen, um Wahlergebnisse anzuzweifeln oder rundweg abzulehnen und nicht anzuerkennen. Oftmals besitzen sie noch die Macht über Teile ihres ehemaligen Militärs. Gelingt es dem Volk nicht, eine solche „Clique" mit mehr oder weniger roher Gewalt aus dem Land – vielleicht in ein Exil – zu jagen, dann kann es zu einem Bürgerkrieg kommen mit all den bekannten bitteren Konsequenzen wie dem Einsatz von Blauhelmeinheiten der UN oder gar dem Eingreifen von Truppen anderer Mitgliedstaaten, wie das manchmal geschieht (siehe jüngst USA in Afghanistan, Russland im Irak) .

Haben die ehemaligen Machthaber sich jedoch zur Flucht entschieden und sich außer Landes begeben, dann ist der Weg für die Etablierung einer neuen Führung des Staates zunächst frei.

Die UN würden dann umgehend ein Partnerland finden oder andere Maßnahmen ergreifen, um der neu gegründeten Demokratie auf die Beine zu helfen. Das kann – wie in allen traditionellen Demokratien - durch die Errichtung eines Parlaments, politischer Parteien sowie freier und geheimer Wahlen geschehen. Dann wählt das betreffende Land…

Die parlamentarische demokratische Republik

Der Prozess ist in der Regel mühsam, langwierig und teuer. Es müssen mindestens folgende Voraussetzungen für eine gesicherte und handlungsfähige demokratische Ordnung geschaffen werden:

175

- Installation bzw. evtl. Übernahme einer Regierungsmannschaft, Büros und Einrichtung
- landesweite flächendeckende Information und Schulung der Einwohner über das Wesen einer Demokratie und das Abhalten von Wahlen inklusive der dazu nötigen Versammlungsräume z.B. in Schulen
- Erfassung der erwachsenen Wahlberechtigten der Bevölkerung und deren Unterweisung im Ausfüllen von Stimmzetteln
- landesweite und flächendeckende Infrastruktur mit Rundfunk, Fernsehen und Mobilfunknetz vor allem auch zur Weiterbildung der Bevölkerung im Lesen und Schreiben
- Installation freier Medien und Büros inklusive deren Ausstattung
- Erstellung regionaler Wahlbüros zur Ausgabe und Einsammlung von Stimmzetteln
- Errichtung zentraler Gebäude für das Parlament und die Behörden für Angestellte der Regierung, ggf. auch Wohnungen
- Erstellung zentraler Gebäude für evtl. ausländische Botschaften oder Konsulate sowie Wohnungen für deren Personal

Unverzichtbar benötigt der junge Staat - in Abhängigkeit von der Ausdehnung seiner Fläche - eine Verkehrsinfrastruktur mit Straßen und/oder Schienen, eventuell vordringlich erst einmal mit Flugplätzen für Kleinflugzeuge.

Unbedingt braucht die neue junge Demokratie zur Sicherung der öffentlichen Ordnung auch eine gut ausgebildete zivile Polizei mit der entsprechenden Mindestausrüstung an Fahrzeugen, Handfeuerwaffen und Unterkünften. Falls eine Polizei vorhanden und bereit ist, unter den neuen Herrschern loyal zu dienen, mag es hingehen. Doch Vorsicht scheint meist geboten!

Ob sich der Staat eine eigene Wehrmacht leistet, sei dahingestellt: Es kommt wohl auf die Bedrohungssituation durch Nachbarn an und auch darauf, ob man sich die horrenden Kosten zumuten will. Der Sicherheitsrat der UNO wird sich vermutlich dagegen aussprechen.

… und das alles muss für tausende oder gar hunderttausende von Wahlberechtigten in den abgelegensten Gegenden der afrikanischen Wildnis oder Steppe geschehen!

Aber... geht es nicht alles auch ein bisschen schneller, billiger und sogar noch besser? Hier kommt unweigerlich das andere Modell zur Diskussion…

Die direkte demokratische Republik

Der bedeutende Unterschied zur parlamentarischen Demokratie ist die Abkehr vom Errichten eines Parlaments, politischer Parteien und flächendeckender Abhaltung von Wahlen mittels Stimmzetteln.

Es müssen „nur noch" folgende Voraussetzungen für eine gesicherte und handlungsfähige demokratische Ordnung geschaffen werden:

Installation bzw. evtl. Übernahme einer Regierungsmannschaft mit Büros und Einrichtung

Installation freier Medien und Büros inklusive deren Ausstattung

Errichtung einer ersten Verkehrs-Infrastruktur für die Fläche in Form kleinerer Flugplätze

Verteilung von Rundfunkempfängern mit Solarzellen an die Bevölkerung,

Gleichzeitig landesweite und flächendeckende Infrastruktur mit Rundfunk, Fernsehen und Mobilfunknetz zur Weiterbildung der Bevölkerung über das Wesen einer Demokratie sowie im Lesen und Schreiben durch die öffentlichen Medien.

Erfassung und Registrierung der erwachsenen Wahlberechtigten der

Bevölkerung durch Staatsbeauftragte, Erstellung zentraler Gebäude für evtl. ausländische Botschaften oder Konsulate sowie Wohnungen für deren Personal.

Unbedingt braucht auch hier die neue junge Demokratie zur Sicherung der öffentlichen Ordnung auch eine gut ausgebildete zivile Polizei mit der entsprechenden Mindestausrüstung an Fahrzeugen, Waffen und Unterkünften. Falls eine Polizei vorhanden und bereit ist, unter den neuen Herren loyal zu dienen mag es hingehen. Doch Vorsicht scheint meist geboten!

Ob sich der Staat eine eigene Wehrmacht leistet sei dahingestellt: Es kommt wohl auf die Bedrohungssituation durch Nachbarn an und auch darauf, ob man sich die horrenden Kosten zumuten will. Der Sicherheitsrat der UNO wird sich vermutlich dagegen aussprechen.

Soweit – so gut? Ja, aber… wer soll das alles eigentlich bezahlen?

Natürlich erstens die UN mit Krediten ihrer Geldinstitute wie der Weltbank, der Afrikanischen Entwicklungsbank und dem Internationalen Währungsfond, und zweitens die gesamte reiche, freie Welt der nördlichen Hemisphäre.
Aber das wird bei weitem noch nicht reichen.

An dieser Stelle ist es an der Zeit, es schonungslos und deutlich auszusprechen: Wir brauchen einen weltweiten Finanzausgleich!

Die reichen Länder müssen für die armen Länder zahlen!

Darüber hinaus werden die reichen Länder die Entwicklungsländer an einer weitgehend geöffneten freien Marktwirtschaft beteiligen müssen, damit diese Länder sich durch Exporte – z.B. zu Anfang von landwirtschaftlichen Produkten in die ganze Welt - schnellstmöglich aus eigener Kraft ernähren und entwickeln können!
Dabei könnten die Geberländer ihre eigenen Finanzen durch die radikale Bekämpfung von

180

Steuerflucht in sogenannte Steueroasen und Betrug der Finanzämter im eigenen Land mit erheblichen Steuermehreinnahmen aufbessern.

Außerdem sollten diese Länder die Besteuerung von Kapital anstelle von Arbeit in den Vordergrund der Finanzpolitik stellen. Dies würde zu deutlichen Erhöhungen der Kapitalertragssteuern führen und die Löhne und Gehälter der Bürger erhöhen.

Schließlich könnten allein die folgenden neun reichen Staaten der Welt enorme Einsparungen ihrer Haushalte generieren, wenn die folgenden Sparpotentiale genutzt würden, ohne die Menschen zu belasten. Dies fällt nämlich unter „Vernunft":

Einsparpotential Vernichtung sämtlicher Atomwaffen.

Allein die USA geben in den nächsten 10 Jahren 350 Milliarden Dollar für die Erhaltung ihrer Atomwaffen aus. Alle neun Atomländer (USA, China, Russland, Indien, Pakistan, Frankreich, England, Israel, Nordkorea) zusammen werden also geschätzt etwa das 6-fache dieser Summe von 2,1 Billionen Dollar bereithalten müssen, um sich den größten Unsinn aller Zeiten zu gönnen. Nämlich den,

Waffen zu besitzen, die niemand benutzen kann, ohne sich selbst umzubringen!!!

Zu den Empfängern der Zuwendungen:

Es sind zwei Gruppen von Spendern und Empfängern zu unterscheiden, nämlich:

Die 10 reichsten und die 11 ärmsten Länder der Erde (Quelle: Focus)

Die 10 reichsten :	Die 11 ärmsten
Katar	Dem.Republik Kongo
Kuwait	Liberia
Liechtenstein	Burundi
Arab. Emirate	Mosambik
Luxemburg	Malawi
Brunei	Niger
Singapur	Äthiopien
Norwegen	Zentralafrik. Republik
Schweiz	Ruanda
USA	Uganda und Haiti

Neben den reichen Ländern der Welt, die ihre Zahlungen an die UN leisten, gibt es schon seit langem die Menschen der Welt, die bereits als Einzelspender erheblicher Geldsummen in Erscheinung getreten sind. Dies sind

Die 12 reichsten Spender der Welt.

Sie verfügen über die gleiche Summe Geldes, die den Armen fehlt. Das amerikanische Magazin FORBES veröffentlicht jährlich die Namen und bisher geleisteten Spendensummen der reichsten Unternehmer der Welt. 2017 waren dies:

Name Land/Branche/Betrag
Bill Gates USA Software (Microsoft)
86,0 Mrd.
Warren Buffett USA Investment Hathaway
75,6 Mrd.
Jeff Bezos USA (Amazon.com)
72,8 Mrd.
Amancio Ortega Spanien (Inditex)
71,3 Mrd.
M. Zuckerberg USA Social (Facebook)
56,0 Mrd.
Carlos Slim Helú Mexiko Telekommun.
 54,5 Mrd
Larry Ellison USA Software (Oracle)
52,2 Mrd.
 Charles Koch. USA Öl und Chemie
 48,3 Mrd
M. Bloomberg USA Medien (Bloomberg)
47,5 Mrd.

Karl Albrecht. Deutschland (Aldi)
27,2 Mrd.
D. Mateschitz Österreich (Red Bull) E.
13,4 Mrd.
 Bertarelli Schweiz Biotech (Serono S.A.)
8,6 Mrd
Gesamtsumme 661,7 Mrd. Dollar

Sie tun dies scheinbar sehr freiwillig und hängen es nicht an die große Glocke. Aber sie tun es auch nicht ganz uneigennützig. Denn sie sparen durch ihre Spenden immense Summen an Vermögenssteuern, die in die öffentlichen Kassen ihrer Heimatländer geflossen wären und ihren Nettogewinn empfindlich geschmälert hätten. Dennoch sollten die edlen Spender wenigstes eine regelrechte staatliche Belobigung erhalten, die in Form einer festlichen Gala verliehen und in den Medien gezeigt würde.

Diese Spender sollten dabei öffentlich geadelt werden und einen lebenslangen Titel erhalten. Da die meisten Spender im englischsprachigen Raum wirken, käme für sie vielleicht ein schlichtes „Sir" infrage das sie vor ihrem Vornamen benutzen dürften. Bill Gates hieße dann also „Sir Bill Gates" oder auch nur „Sir Bill".

Für den z.Zt. einzigen deutschen Spender wäre vielleicht „Ehrenwerter" opportun in der Hoffnung, dass es bald mehr werden. Also dann: „ Ehrenwerter Karl Albrecht".

Wo das Geld verschwindet, das eigentlich dem Staat gehört – Steuerflucht und Betrug

Es scheint, als sei es ein lukrativer und interessanter Sport. Dabei ist es in Wahrheit Diebstahl und Beschiss am Gemeinvermögen einer Nation – Steuerhinterziehung, Steuerflucht und damit kriminell!

Seit einigen Jahren trauen sich aber gottlob findige Insider und mutige Steuerfahnder, zuzupacken. Eigentlich ist das auch gar nicht so schwer. Jeder Finanzbeamte, der zuhause einen Veranlagungsbereich mit größeren Unternehmen betreut, könnte sich, wenn er will, wundern, wie wenig an Umsatzsteuern da fließen. Bis vor einigen Jahren hat es offenbar niemand für nötig gehalten, sich zu wundern. Und als es dann doch jemand tat, trat er eine Lawine los.

Gesetz ist: Umsatzsteuer ist dort zu entrichten, wo der Umsatz generiert wird. In Deutschland beträgt sie 19%. In manchen Steuerparadiesen Null. Und so funktionierts:

185

Fällt es dem deutschen Hersteller einer Ware ein, diese über seine eigene Vertriebsabteilung in einem Steuerparadies wieder ins Inland Deutschland zurück zu verkaufen, dann kann er beim deutschen Finanzamt 19% des Verkaufspreises als Vorsteuerabzug kassieren. Dass das deutsche Finanzamt die nie wieder sieht, macht den Mehrgewinn des Herstellers aus.

Die eigene Vertriebsabteilung des deutschen Herstellers im Steuerparadies befindet sich nämlich in einem mehr oder weniger schicken Bürohaus mit hundert Briefkästen und zwanzig Mitarbeitern, die die Rechnungen der 100 Hersteller an deren Kunden ausstellen und kassieren.

Sobald das Geld auf dem paradiesischen Konto des Herstellers eingegangen ist, liefert der die Ware in Deutschland aus. Seine Vertriebs- und Verwaltungskosten beschränken sich dabei auf die Miete eines Briefkastens und einem Fünftel des Gehaltes einer der zwanzig Leute in den Büros der hundert Herstellerfirmen.

So einfach ist das?

Nein – nicht ganz.

Denn inzwischen haben sich einige der findigen Insider als Verräter betätigt, indem sie den deutschen Finanzämtern digitale

186

Datenträger mit den Adressen der Briefkästen in den mehr oder weniger schicken Bürohäusern zuspielten und verkauften.

Seit dem 4. April 2013 veröffentlicht ein Konsortium von Medien (überwiegend Zeitungen) aus 46 Ländern Berichte über Steueroasen. Grundlage der Berichte ist eine Festplatte, die 260 GB Daten mit 2,5 Millionen Dokumenten mit 130.000 Steuerflüchtligen-Namen aus etwa 170 Ländern enthält und die diese Medien seit Monaten auswerten; dabei betreiben sie auch investigativen Journalismus.

Nach Recherchen des Norddeutschen Rundfunks und der Süddeutschen Zeitung hat zum Beispiel die Deutsche Bank über ihre Niederlassung in Singapur mehr als 300 Firmen und Trusts in mehreren Steueroasen (größtenteils auf den Britischen Jungferninseln) gegründet. In vielen Fällen setzte sie dabei ihre Tochterfirma Regula Limited als Direktorin ein.

Die Staatsanwaltschaft Bochum hat bei der Auswertung einer CD mit Daten deutscher Kunden der Schweizer Großbank UBS besonders viele Betrügereien aufgedeckt. Obwohl bislang erst 115 der auf dem Datenträger gespeicherten 1300 Fälle gründlich untersucht wurden, summieren sich die entdeckten Steuerhinterziehungen auf rund 204 Millionen Euro, wie ein Sprecher der

Staatsanwaltschaft sagte. Er bestätigte damit einen Bericht der "Süddeutschen Zeitung".

Umstritten, aber angeblich ertragreich: Steuer-CDs aus der Schweiz. Insgesamt enthält die CD Angaben zu rund 750 Stiftungen und 550 weiteren Fällen mit einem Anlagevolumen von mehr als 3,5 Milliarden Schweizer Franken (rund 2,9 Milliarden Euro). In 135 Fällen sei bereits vor den Ermittlungen Selbstanzeige erstattet worden, sagte der Sprecher der Staatsanwaltschaft. Die in den vergangenen Wochen von Staatsanwälten und rund 80 Steuerfahndern untersuchten Fälle betreffen Kunden aus Nordrhein-Westfalen, Schleswig-Holstein, Hamburg, Bayern, Baden-Württemberg und Hessen.

Abschlagszahlungen wurden bereits geleistet:

Die betroffenen Personen hätten bis auf wenige Ausnahmen den vorgeworfenen Sachverhalt eingeräumt und bereits Abschlagszahlungen in Höhe von etwa 20 Millionen Euro auf die zu erwartenden Steuernachforderungen geleistet oder in Aussicht gestellt, berichtete die Staatsanwaltschaft. Nach Ansicht von Kritikern leistete sie der Verschleierung von Geldströmen Vorschub und begünstigte damit mögliche Straftaten.

Eine andere Variante der Gewinnmaximierung besteht darin, gar nicht erst Gewinn zu machen. Huch? Wie soll das denn gehen?

Noch einfacher als das umständliche Umsatzsteuer-Dings-da!

Der Unternehmer zweigt einfach ein Teil seines Gewinns ab und verschweigt ihn dem Fiskus. Dann zahlt er schon mal keine Einkommensteuer. Damit aber der schöne abgezweigte Gewinn in Deutschland nicht verloren geht, fährt er hin und wieder mit dem Zaster in einem Köfferchen über eine Grenze in der Nähe und zahlt den bei einer Bank ein, die besonders hohe Zinsen verspricht. Dort hat er nämlich ein Nümmerli-Konto, dessen Nümmerli niemand außer ihm kennt. Und dort vermehrt sich seine Kohle klammheimlich Jahr um Jahr heimlich unheimlich. Der Unternehmer muss nur aufpassen, dass er an der Grenze nicht dem Zoll/Abteilung Steuerfahndung in die Hände fällt, denn dann ist die Knete futsch und er eventuell im Knast.

Teil 4

Der Zeitplan: Was geschieht wann und mit welchem Ergebnis?

2017

Am 6. Oktober 2017 wurde der jungen Neugründung der Initiative ICAN der Friedensnobelpreis zugesprochen für „ihre Arbeit, ihre Aufmerksamkeit auf die katastrophalen humanitären Konsequenzen von Atomwaffen zu lenken und für ihre bahnbrechenden Bemühungen, ein vertragliches Verbot solcher Waffen zu erreichen".

Ergebnis: Die Adressaten schweigen!

2018

Dieses Buch erscheint auf dem Buchmarkt

2019

Was ist vernünftig?
Verkehrsberuhigung

Aktivitäten zum Thema Verkehrsberuhigung und Energieeinsparung bei Kraftfahrzeugen sowie die Senkung von Auspufflärm:

190

Der neue Bundesverkehrsminister diskutiert in seiner Behörde auf Anweisung der Bundeskanzlerin Maßnahmen zum Kfz-Verkehr. Man ist sich grundsätzlich einig, dass Handlungsbedarf besteht. Trotz erheblichem Widerstand des ADAC und des Bundesverbandes der Autoindustrie DVA wird beschlossen, beim Institut Infratest eine repräsentative Umfrage bei erwachsenen weiblichen und männlichen Bürgern aller Altersgruppen und in allen Bundesländern in Auftrag zu geben mit folgenden Fragen:

1. Zur Verringerung der Anzahl von Verkehrsunfällen, Lärmbelästigung, Luftverschmutzung und Treibstoffersparnis schlägt die Bundesregierung folgende Maßnahmen vor (bitte antworten Sie mit ja, nein oder weiß nicht/keine Angabe):

a) Einführung einer Höchstgeschwindigkeit auf Bundesautobahnen von 130 km/h

b) Einführung einer Höchstgeschwindigkeit auf Bundestraßen von 100 km/h

c) Einführung einer Höchstgeschwindigkeit auf Landstraßen von 80 km/h

d) Einführung einer Höchstgeschwindigkeit von 30 km/h in Wohngebieten von Ortschaften

e) Einführung eines Lärm-Höchstwertes von 80 Dezibel bei Auspuffanlagen aller Fahrzeuge inkl. Zweirädern.

Die Durchführung und Auswertung der Fragen in 2018 kostete 250 000 Euro und ergab folgende Ergebnisse der Zustimmungen mit „ja":

Frage 1a: 68% für Höchstgeschwindigkeit 130 auf Autobahnen

Frage 1b: 91 % für Höchstgeschwindigkeit 100 auf Bundesstraßen

Frage 1c: 42 % für Höchstgeschwindigkeit 80 auf Landstraßen

Frage 1d: 93 % für Höchstgeschwindigkeit 30 in Wohngebieten

Frage 1e: 96% für Höchstwert d. Lautstärke bei Auspuffanlagen 80 dB.

Der Bundestag wird die Ergebnisse diskutieren und ggf. Gesetzesvorlagen veranlassen.

Zur Durchsetzung der Ergebnisse der Fragen 1a bis 1e wird die Autoindustrie voraussichtlich verpflichtet, alle Neufahrzeuge ab dem Zulassungsjahr 2025 mit elektronischen Erfassungseinrichtungen zur Erkennung von Verkehrsschildern (insbesondere Geschwindigkeits- und Ortseingangs- und Ortsausgangsschildern) und mit automatischer

Geschwindigkeitsregelung auf die angeordneten Grenzwerte auszurüsten sowie die Grenzwerte der Auspuffanlagen einzuhalten.

Abschaffen der Atomwaffen

Die Bundeskanzlerin hat verfügt, dass sich das Außen- und das Verteidigungsministerium umgehend mit der UNO darauf verständigen, bei der im September 2018 stattfindenden Jahrestagung des UN-Weltsicherheitsrates darüber zu beraten, wie die Fragen einer endgültigen Vernichtung aller Atomwaffen der Nationen in die Wege geleitet werden können. Die UNO hat sich daraufhin bereit erklärt, das Thema in die Tagesordnung aufzunehmen. Sie hat jedoch befürchtet, dass schon die Aufnahme des Themas wegen der Bedenken nicht zustande kommt, weil die Vetomächte nicht einmal den Atomwaffensperrvertrag unterzeichnet haben.

Dieses Verhalten der Vetomächte muss vor der UN-Vollversammlung und dem Weltsicherheitsrat von der Weltgemeinschaft – nämlich allen derzeit 193 UN Mitgliedern - öffentlich geächtet werden! Das Ergebnis muss in allen öffentlichen Medien der gesamten Welt bekannt gemacht werden.

Der türkische Präsident Erdogan fürchtet um seine Macht: Die Amtszeit der 1. Regierungsperiode ist beendet. Wird er wiedergewählt?

Der türkische Staatspräsident wurde 2014 für fünf Jahre gewählt und kann einmal für weitere fünf Jahre gewählt werden. Doch das ist nicht sicher. Sollte er die Wiederwahl nicht gewinnen, bleibt ihm weder seine Macht noch seine Immunität. Aufgrund der Spannungen mit dem Ausland steckt die Wirtschaft ernsthaft in der Krise. Jeder Fünfte Türke lebt inzwischen wegen der steigende Arbeitslosigkeit unterhalb der Armutsgrenze, jeder fünfte Jugendliche ist arbeitslos. Unter diesen Umständen ist das Stimmenpotential der führenden Staatspartei AKP selbst in unabhängigen Umfragen auf nur noch vierzig bis 42 Prozent gesunken. Und seine Basis schrumpft.

Die westliche Welt aber fürchtet um die Südostflanke der Nato, die von ihrem Türkeimitglied geschützt wird, und die Türkei fürchtet ebenso um die Beitrittsverhandlungen zur EU, die vorerst eingefroren wurden.

2020

<u>Robert Mugabe, grausamer Diktator Simbabwes, mit 99 Jahren gestorben.</u>

Sechs Jahre nach seinem vom Volk erzwungenen Rücktritt 2017 starb einer der schlimmsten Herrscher eines afrikanischen Staates.

Der Despot hatte sein Land - seit 1984 - 33 Jahre lang terrorisiert. Das Militär hatte nach seinem Sturz die Staatsgewalt an sich gerissen. Es drohte ein Bürgerkrieg, der dank einer sofortigen Initiative des Sicherheitsrates der Vereinten Nationen durch ein Blauhelmmandat vereitelt wurde.

Es gelang, den Willen des Volkes von Simbabwe nach Demokratisierung zu befrieden. Dem verarmten Land wurde zudem mit finanzieller Unterstützung durch Millionenzahlungen aus Europa auf die Beine geholfen.

Deutschland trug mit der Errichtung einer medizinischen Infrastruktur in Form von 12 bestens ausgerüsteten im ganzen Land verstreuten Krankenhäusern in Höhe von einer Milliarde Euro zu einer raschen Genesung tausender notleidender Bürger der jungen neuen

Republik Simbabwe bei, und setzte damit der Welt ein Zeichen humanitärer Gesinnung.

Simbabwe erhielt von den UN sogleich als 25. Vollständige Demokratie die höchste Anerkennung des Gremiums und die Aussicht auf Mitgliedschaft.

Die jährliche UN Vollversammlung schlägt vor, Deutschland als 6. Staat und Vollmitglied in den Sicherheitsrat der UN aufzunehmen! Der Vorschlag wird zunächst vertagt, ist aber dennoch ein Signal der Hochachtung.

Der Schutz der Natur.

Der Bundesumweltminister wird Beitrittsverhandlungen der Bundesrepublik Deutschland mit GREENPEACE international e.V. in Hamburg einleiten mit dem Ziel, in deren Satzung zu verankern, dass Greenpeace Beobachtungen von Umweltsündern dokumentieren und als Strafanzeigen den Strafverfolgungsbehörden übergeben wird. Gleichzeitige Veröffentlichung der Vorfälle in den internationalen Medien muss weltweit erfolgen!

2021

Der Rückbau von Atomkraftwerken muss beschleunigt werden

weil die Gefährdung der Menschen und der Umwelt durch Unglücke mit dem Alter der Kraftwerke zunimmt und weil die Lagerung der Rückstände verbrannter Brennstäbe immer drängender wird.

Seit Jahrzehnten versucht die Atomenergiewirtschaft verzweifelt, geeignete Endlager für hoch radioaktiv strahlenden Atommüll zu finden. Schon dessen Halbwertszeit beträgt eine Million Jahre. Aber irgendwann muss man sich entscheiden. Die Vollversammlung der UN schlägt mit 178 der 194 Stimmen vor, die Atommächte der Welt dazu zu zwingen, die Menge und den Lagerort ihres Atommüll zu benennen, um ein Verfahren zur Beseitigung einzuleiten.

Die Endlagerung gefährlicher Rückstände der Atomwirtschaft

Es gibt einzelne Wissenschaftler, die den Marianengraben im südwestlichen Pazifik für eine geeignete Lagerstätte für hoch radioaktive Abfälle halten. Dort gibt es die tiefste Stelle aller Meere mit über elf Kilometern Wassertiefe in einem 2400 Kilometer langen Graben, der aus sehr haltbarem Gestein bestehen soll und sich angeblich kaum verformt oder bewegt. Denkbar wäre es vielleicht, die bisher auf der Erde lagernden Millionen von Tonnen Atommüll in riesigen Sarkophagen aus Stahlbeton zu verschließen und sie dort unwiederbringlich zu versenken.

Es ist ein Menschheitsproblem ersten Ranges! Wer löst es? Redet man wenigstens darüber?

US-Präsident Donald Trump wird aus dem Amt gejagt.

Ein Jahr vor der offiziellen ersten Amtszeit im Januar 2021 wird der amtierende Präsident mittels eines Amtsenthebungsverfahrens seines Postens enthoben. Der Präsident verlässt seinen Amtssitz unter den wüstesten Beschimpfungen und Beleidigungen seiner Gegner – ja der überwiegenden Mehrheit der Bevölkerung der USA. Seine letzten Worte auf den Stufen des Weißen Hauses erinnern fatal an einen Diktator, der angesichts seines Untergangs behauptete, dass sein Volk ihn nicht verdient habe…

Die gerade noch freie Welt atmete auf!

Es beginnt ein internationales Saubermachen, um den Scherbenhaufen zusammenzukehren, den dieser Präsident der Welt interlassen hat. Die USA waren innerhalb von vier Jahren von einer ersten jahrzehntelang anerkannten Weltmacht mit Führungsanspruch und allseits geachteten Politikern zu einem zerstrittenen Haufen geschasster Emporkömmlinge und verlogener Günstlinge abgesackt.

Wichtige soziale Großtaten für das Volkswohl wie die Einführung einer umfassenden Gesundheitsversicherung wurden ebenso abgewürgt wie die geradeerst erreichte Aussöhnung mit dem ehemaligen Kommunistenbollwerk Kuba.

Der von Trump propagierte Bau einer Mauer zu Mexiko, deren Kosten dieser Fantast auch noch den erpressten Mexikanern anlasten wollte, scheiterte zum Glück ebenso wie seine hirnrissigen Androhungen, Nordkoreas Atommacht auszulöschen.

So löste sich der pausenlos proklamierte Spruch des allseits als spinnender Neurotiker abgekanzelten Angebers „America first" schließlich in einer politischen Staubwolke auf, die sich über Monate nicht verziehen wollte.

Aus dem Amt gejagte Minister, gefeuerte Berater, beschimpfte ehemalige beste Freunde, beleidigte Staatsoberhäupter, Intrigen, Lügen, Beschuldigungen und Verleumdungen – das blieb übrig vom Bild eines von der Hälfte des amerikanischen Volkes gewählten krankhaften Egomanen, der lieber auf einen seiner Golfplätze flüchtete, als seine Pflichten als Präsident des einst stärksten und reichsten Landes der Welt zu erfüllen.

Es bleibt dem Rest der Welt eigentlich nur ein einziger Trost:

<u>Niemals wieder auf die Macht eines einzigen Individuums hereinzufallen.</u>

Das ist allerdings leichter gesagt als getan. Es bedarf dazu mindestens zweier elementarer Dinge:

1. Der Staatsform einer absolut reinen Demokratie mit einer kleinen Gruppe integrer Menschen als Regierung.

2. Der freien unbeeinflussten Meinung jedes einzelnen Bürgers zu den Entscheidungen dieser Regierung.

(Vielleicht noch eines Dritten: Vernunft auf beiden Seiten?)

2022

Deutschland wählt den neuen 20. Bundestag.

Nach dem Fiasko der letzten Bundestagswahl 2017 mit den übermäßig langen und letztlich ohne Begeisterung und sichtbare Fortschritte für die Republik verlaufenen Koalitionsgesprächen machte sich eine große Kritikbereitschaft in der Bevölkerung breit. Die parlamentarische Demokratie als deutsche Staatsform schien ihrem Ende zuzustreben, bevor sie noch größeren Schaden verursachen konnte. Die sogenannte „Jamaika-Koalition" aus den Parteien CDU, CSU, FDP und Grünen vergaß vor lauter Gezänk und Unfrieden das Regieren. Mehrfache Rochaden der führenden Politiker und sogar handgreifliche und peinliche Bilder aus dem Plenarsaal in Berlin beschädigten schließlich den guten Ruf Deutschlands als zuverlässiger Partner und Führungsnation in Europa so weit, dass eine Neugestaltung der Politikwelt überfällig wurde.

2026

Deutschland wählt den neuen 21. Bundestag nicht, sondern sucht sein Heil in der Flucht.

Niemand kann Mehrheiten finden. Die Politik ist komplett konfus! Das gab´s noch nie!

Zum Glück naht Rettung.

Schon im Vorfeld der Wahl bekamen die Politiker kalte Füße, denn alle Zeichen in der Politik standen eindeutig auf Krach und keiner wollte nachgeben!

Da erinnerte man sich an eine Infratest-Studie aus dem Jahr 2019, die der damalige Bundesverkehrsminister in Auftrag gegeben hatte. Darin war die Bevölkerung um ihr Urteil zu Fragen des Straßenverkehrs befragt worden und hatte hervorragend klare und verwertbare Resultate gegeben.

Dieses Mal sollte die berühmte FU Berlin und deren Oskar – Stuhr- Institut* für Politikwissenschaft in einem Modellversuch ein modernes Regierungsinstrument demokratischer Staaten entwerfen und mit 2000 Studenten und ihren 11 Professoren als „Testvolk" verblüffende Wahrheiten deutlich machen.

*Name ist frei erfunden

2027

In der neuen Studie zur Neugestaltung der Politik in Deutschland

heißt es – schonungslos deutlich und erfrischend zukunftsweisend:

Anlass zur Studie:

Die seit Jahrzehnten zu beobachtenden Probleme mit dem Politik- und Regierungssystem „parlamentarische Demokratie" enthält viele und elementare Mängel, als da sind:

Lobbyismus:

Das Fundament der Meinungsbildung eines Volkes – die politischen Parteien – sind nicht in der Lage, den Willen des Volkes abzubilden und als dessen Auftrag in einem Parlament zu beschließen, weil sie nicht dem Volk zuhören, sondern den Lobbyisten. Derzeit (2017) stehen statistisch gesehen hinter jedem Bundestagsabgeordneten acht Mitarbeiter aus der Wirtschaft, den Interessenverbänden, Agenturen, Kanzleien und anderen

„Einflüsterern", deren Aufgabe die Beeinflussung der Politiker in ihrem Sinne ist.

Inkompetenz:

Das Personal der politischen Parteien und der Verwaltung der Ministerien vom Minister bis zur Putzfrau besteht weniger aus Fachleuten als aus angelernten Beamten und Laien, die auf Fachinformationen von Lobbyisten leider geradezu angewiesen sind, um ihre Entscheidungen treffen zu können.

Eigennutz:

Jeder der hochbezahlten Politiker muss um seine Karriere fürchten, sobald er von der Linie seiner Partei abweicht. Am deutlichsten zeigt sich diese Misere beim Führungspersonal nach Wahlen, wenn es um die Vergabe der Posten in der nächsten Legislaturperiode geht – wehe dem, der nicht stets brav und opportun mitgestimmt hat. Solche Störenfriede können die Parteibonzen nicht gebrauchen!

Die Aufgabenstellung an die Hochschule:

Die Teilnehmer an der Studie sollen herausfinden, wie sich eine vollkommene direkte Demokratie erfolgreich errichten und betreiben lässt.

Die Regierung einer solchen Demokratie soll anstelle einer riesigen Menschenmenge von quasibeamteten Politikern aus einer kleinen Gruppe von staatlich angestellten Entscheidungsträgern und einer übersichtlichen Anzahl von bestens ausgebildeten angestellten Fachleuten bestehen.

Die Organisation dieser Personengruppen sollte einer Aktiengesellschaft ähneln, deren Auftrag aus drei Zielen besteht:

1. Bedienung aller Bundesbürger zu deren andauernder und vollkommener Zufriedenheit

2. weltoffene Gesinnung gegenüber allen friedliebenden Staaten der Welt

3. Mithilfe zur stabilen weltweiten Friedenssicherung durch gegenseitige Hilfe und Beistand.

Eine unabhängige Personengruppe von mindestens drei Volljuristen muss ständig und zeitnah die Arbeitsweise der Regierung in Bezug auf deren Gesetzestreue, Moral und Zielerreichung der Entscheidungsträger überwachen. Die Gruppe soll auch für jeden Bürger als Beschwerdeinstanz und für Petitionen ansprechbar sein. Bei etwaigen Gesetzesübertretungen der Regierung wird die Gruppe als Anklageinstanz tätig.

Die Erarbeitung und die Ergebnisse der 2000 Studenten und 11 Professoren:

Alle Beteiligten gingen mit Feuereifer an die Arbeit! Nach einem Jahr hatten die Beteiligten eine Grundlösung erdacht, die schon großes Aufsehen bei der Bevölkerung und erst recht bei den unmittelbar Betroffenen erregte. Die Empfehlungen der Arbeitsgruppe lauten:

Die neue Regierung

soll aus einer siebenköpfigen Gruppe von Frauen und Männern bestehen, die strengen Eigenschaften genügen müssten. Sie sollten
human- und/oder geistig-wissenschaftlich hoch gebildet, geistig und materiell unabhängig, integer, menschenfreundlich, charakterlich gefestigt, kompromissfähig, kommunikativ und sympathisch sein, sich gegenseitig kennen, respektieren und mögen.

Die Arbeitsweise der Regierung soll konsent sein. Kampfabstimmungen sind nicht erlaubt!

Die Mitglieder dieser Gruppe könnten sich „Die Weisen" nennen und einen Sprecher wählen, der sie nach außen in den Medien und persönlich als Staatsoberhaupt und Präsident vertritt.

Deutschland heißt dann fortan demokratische Republik Deutschland/ DRD und interrational Democratic Republic of Germany /DRG.

Die Regierung wird vom Volk auf unbestimmte Zeit direkt gewählt.

Die Verwaltung der Demokratischen Republik Deutschland DRD – hier die Regierung:

Die sieben Weisen stehen jeder einer Reihe von Fach-Abteilungen vor, deren Aufgabenverteilung etwa lauten könnte:

I: Inneres, Regierung, allgem. Verwaltung, Volkswahlen

II:Äußeres, Beziehungen Ausland, Welthandel, Entwicklungshilfe, internationale Bündnisse, UNO, Nato

III: Bildung, Kita, Schule, Universitäten, Kunst, Kultur, Wissenschaft, Digitalisierung

IV:Wirtschaft, Finanzen, Steuern, Wirtschaftsförderung

V: Sicherheit, Justiz, Ordnung, Polizei, Verkehr

VI: Verteidigung, Militär, Grenzen, Migration

VII: **Volkswohl**, Gesundheit, Sport, Umwelt, Naturschutz

Den sieben Abteilungsleitern stünden jeweils Mitarbeiter in den Fachabteilung zur Seite, die in ihrem Sachgebiet von Fachhochschulen, Universitäten oder in gewerblichen Lehrberufen bestens ausgebildet sein müssen.

In den Bereichen öffentliche Versorgung, Justiz, Polizei und Militär müssen wegen der Wohlfahrt der Bürger, des Staatsschutzes, der öffentlichen Ordnung und der Landesverteidigung weiterhin Staatsbeamte arbeiten.

Die in der Abteilung I genannten Volkswahlen sorgen dafür, dass der Volkswillen direkt und unbeeinflusst ermittelt und der Regierung zur Kenntnis gebracht wird. Zu diesem Zweck erhält jeder wahlberechtigte Bürger der Republik die Möglichkeit, seine Meinung über einen digitalen elektronischen und geheimen Übertragungsweg zu übermitteln.

Die Regierung bittet jeden wahlberechtigten Bürger in jedem Monat des Jahres einmal um seine Meinung zu einer Reihe von Fragen in einem oder mehreren Fragebögen, die mit „ja", „nein" oder „weiß nicht/keine Angabe" beantwortet werden können. Seine Antworten übermittelt der Bürger **digital** unter Verwendung einer nur einmal pro Fragebogen geltenden TAN-Nummer* innerhalb einer Woche an die Regierung.

Die Fragestellungen werden von besonderen wissenschaftlich geschulten Spezialisten so formuliert, dass sie nicht falsch verstanden werden und nur mit den Antworten ja, nein oder weiß nicht/k.A. beantwortet werden können.

Eine typische Frage der Regierung an alle Bürger könnte z.B. lauten:

„Möchten Sie, dass die „alte Winterzeit" vor 1980 (ohne die jährliche zweimalige Umstellung der Uhren) wieder eingeführt werden sollte? Dann kreuzen Sie bitte auf diesem Fragebogen an:

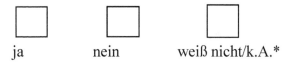

ja   nein   weiß nicht/k.A.*

Die Regierung wertet die Antworten kurzfristig aus und informiert die Bevölkerung in den öffentlichen Medien über das Ergebnis.

Sind die Ergebnisse eindeutig, so werden daraus die Anweisungen an die Fachbereiche übermittelt und umgehend in Form von Gesetzen und Verordnungen umgesetzt.

Die sieben Weisen werden einmal im Monat am jeweils ersten Sonntagabend für etwa zwei Stunden geschlossen im öffentlichen Fernsehen und Hörfunk auftreten

*k.A.: weiß nicht//keine Angabe
und mit den Bürgern sprechen, um einerseits ihre Ideen und Vorhaben zu erläutern und dazu die Resonanz des anwesenden Publikums zu hören.

Diese Fernsehsendung sollte in einer großen Festhalle von einem beliebten Moderator und vor tausend Zufallsgästen bei freiem Eintritt den Charakter einer Unterhaltungsshow haben.

Am jeweils zwölften Abend, also einmal jährlich, werden sich alle Weisen vor dem Publikum und im Fernsehen einer Bewertung ihrer Persönlichkeit in Bezug auf ihre Leistungen und ihr Verhalten stellen, indem sie die Bürger um eine Note von 1 bis 5 bitten.

Die Noten 1 bis drei werden für sehr gute bis befriedigende Leistungen gewertet.

Die Noten 4 und 5 deuten dem Weisen das Missfallen der Wähler bzw. die gewünschte Abwahl und Entlassung aus der Regierungsmannschaft an.

<u>Die Verwaltung der Demokratischen Republik Deutschland DRD – hier die Länder:</u>

Das System zur Ermittlung des Volkswillens durch die politischen Parteien und die Parlamente des Bundes und der Bundesländer wird abgeschafft und die Institutionen teilweise gestrafft oder aufgelöst.

An ihre Stelle treten die bisherigen Landesregierungen in der neuen Form als Bezirke mit ähnlicher Führungsstruktur, Fachabteilungen und Zuständigkeiten wie die der Staatsregierung, jedoch mit erheblich geringeren Kompetenzen.

Führungspersonen in den Ländern sind weiterhin die Landräte, jetzt aber mit den Aufgaben der ehemaligen Ministerpräsidenten.

Ihre Zuständigkeiten beschränken sich auf die sog. Kompetenzenhoheit der Landesbedarfe wie z.B. landesöffentliches Planen und Bauen, Verkehr auf allen Wegen, die nicht Bundesverkehrswege sind, Gewerbe, Kultur, Steuern, Finanzen, Schule jedoch mit zentral gelenkter Uni, untere Polizei- und Justizbehörden.

<u>Nach vier Monaten intensiver Denk- und Schreibarbeit hatte die Freie Universität Berlin ihren ersten Entwurf der Studie fertig.</u>

Leider gelang es nicht lange, ihn geheim zu halten. Hatte man gehofft, ihn zunächst nur mit den Mitarbeitern der „Denkfabrik" und ihres Sponsors zu erörtern, um die weitere Vorgehensweise zu beschließen, so hatte es mehrere Lecks in den Mannschaften der über 2000 Eingeweihten gegeben. Die waren natürlich ein gefundenes Fressen für zwei Institutionen, die bei solchen Leckerbissen sofort zuschnappen:

Die freie Presse titelte in Zehnzentimeter hohen Balkenlettern:

Bild:
Polit-Alarm aus Berlin: Schnappt die
 Regierung jetzt über?

Die Zeit:
Tausende arbeitslose Bundesbeamte auf den Barrikaden? Wer soll das bezahlen?

Die Linke:
Bravo – „Nur das Staatsvolk kann das politische Kartell entmachten"

Bei den Intellektuellen, die der Politik gegenüber duldsamer sind und die Heißsporne meiden, meldeten sich indes ganz andere

Ängste. Sie bezweifelten, dass der bürgerliche Intellekt der Bevölkerung überhaupt in der Lage sei, rational auf die Fragen zu antworten, die ihnen per Smartphone oder Laptop demnächst ins Haus flatterte würden. Ihre zentrale Frage lautete denn auch in der Presse:

„Ist das deutsche Volk überhaupt intelligent genug und gebildet, um politische Fragen der Regierung zu beantworten?"

Worauf BILD bissig konterte:

„Bürger - lasst Euch nicht für dumm verkaufen!"

In den folgenden Wochen bestimmte allein ein Thema die gesamte Nation und nicht nur sie: Auch in der EU und sogar in Übersee stritten sich skeptische Denker mit empörten Arbeitern über den Bildungsgrad der Deutschen, die offenbar den unerhörten Umsturz eines der angesehensten und wichtigsten Länder der Welt – ihre BRD - unterstützten. Konnte das denn gutgehen?

Den Berliner Uni-Helden schwante eine Niederlage und sie griffen deshalb zu einem neuen Beweis der Richtigkeit ihres

Forschungsansatzes: Es musste eine weitere Studie zum Thema her, die beweisen sollte, ob und wie die Mehrheit der deutschen Wahlbürger samt ihrer föderalen und parlamentarischen Regierung auf den „Ernstfall" reagieren würde. Anstelle der 2000 relativ jugendlichen und deshalb wohl kaum repräsentativen Menge von Studenten der Berliner Uni, die das Wahlvolk mimten, mussten jetzt „richtige" Bundesbürger aller Schichten `ran!

„Wir müssen irgendein Bundesland davon überzeugen, dass unsere Resultate aus dem ersten Versuch in der rauen Wirklichkeit der Politik der Straße bestehen. Wer kann uns beistehen?"

Niemand!

Es traute sich kein einziger Ministerpräsident auch des kleinsten Bundeslandes aus der Deckung. Der Bremer, der sich als MP des kleinsten Bundeslandes Deutschlands wohl angesprochen fühlte, soll im kleinen Kreis seiner Vasallen gemurmelt haben: „Wer – ich? Ich bin doch nicht blöd! Den Henkern der parlamentarischen Demokratie den Steigbügel zu halten kostet mich doch für immer und ewig den politischen Kopf!" Worauf ein Parteifreund allerdings amüsiert gekontert haben soll „aber das macht doch nix, wenn Du doch dadurch endlich berühmt wirst…?"

Der Sponsor indes hält durch und steht der Uni in Berlin bei – man beschließt, die studentische Volksmenge durch eine „erwachsene" zu ersetzen. Innerhalb weniger Tage bringt die interessierte Presse durch entsprechende Veröffentlichungen 3000 Bürgerinnen und Bürger zwischen 18 und 88 aus sämtlichen Bevölkerungsschichten jeglichen Bildungsgrades und Bundeslandes auf die Beine. Jeder von ihnen hat eine Zeitung mit einem fortlaufend nummerierten und nicht kopierbaren vorfrankierten Inserat in Form einer Postkarte gekauft, auf der er die Frage beantworten soll:

„Möchten Sie, dass die Bundesrepublik Deutschland von ihrer bisherigen Ordnung einer parlamentarischen Demokratie mit politischen Parteien und Parlamenten zu einer direkten und nur von Ihrem persönlichen Willen geleiteten Demokratie umgewandelt wird, so kreuzen Sie bitte hier an:

☐	☐	☐
ja	nein	weiß nicht/k.A.

und werfen Sie diesen Ausschnitt Ihrer Zeitung bitte innerhalb von drei Monaten ab heute in den nächsten Postbriefkasten. Danke!

Die folgenden drei Monate gerieten zu einem hitzigen Wettkampf um die eine Frage

<u>Was ist richtig und was falsch?</u>

Es war unübersehbar, dass nicht nur die 3000 Einsender unsicher waren, sondern auch die Millionen Wankelmütiger, die sich vor ihrer eigenen Courage fürchteten.

Worauf ließ man sich da denn ein?

Konnte die neue Politik etwa in eine Diktatur umschlagen?

Was würden das für Leute sein, die Deutschland künftig regierten?

Wer garantierte, dass der Volkswille wirklich eins zu eins umgesetzt würde?

Und – war des Volkes Wille wirklich richtiger als der der bisherigen Politiker?

In diesen drei Monaten spielte die ganze Nation verrückt!

Jeder Stammtisch kannte nur ein Thema.

Familien, deren Feierabende bisher in harmonischem Schweigen vor der Glotze verlaufen waren, stritten plötzlich mit sich selbst, mit den Nachbarn im Treppenhaus – ja, mit wildfremden Leuten auf der Straße.

Die politischen Parteien schienen paralysiert

zu sein angesichts des nahenden Todesstoßes.

Gewerkschaften beschlossen unisono, die Regierung zu verklagen angesichts der tausenden von Mitgliedern, die durch den Wegfall ihrer Arbeitsplätze auf der Straße stehen würden.

Viele verschreckte Politiker, denen sich angesichts des befürchteten Volkswillens die Nackenhaare sträubten, suchten nach Gleichgesinnten und gründeten Beratungsvereine. Die sollten nach ebenso ratlosen Bürgern suchen, denen sie dringend davon abraten würden, auf den unerhörten Unsinn dieser Volksverhetzer mit ihren wahnsinnigen Ketzereien zu hören.

Weniger aufgeregt, dafür aber mit eisigen und unüberhörbaren Wahrheiten, mischten sich nun tausende von Regierungsbürokraten der Republik in die Diskussionen ein. Sie versuchten dem Volk klarzumachen, was für ein Unterfangen es sei, eine in 78 Jahren bewährte Republik allein juristisch umzubauen.

Schon die erforderlichen Änderungen der Gesetze einer Bundesrepublik würden Jahre beanspruchen, ehe eine neue Volksdemokratie wirklich funktionieren konnte. Manch einer von ihnen erkannte zum ersten Mal in seinem ruhigen und so felsenfest sicher geglaubten Beamtendasein, in was für einem Dschungel von Paragraphen er jahrzehntelang einher gewatet war: Alle Verfassungsorgane des Bundes, also

der Bundestag,

der Bundesrat,

der Bundespräsident,

der Bundeskanzler

die Bundesversammlung,

die Bundesregierung,

der Vermittlungsausschuss

das Bundesverfassungsgericht

würden zuerst beteiligt, dann aber in weiten Teilen gestrafft oder gar abgeschafft!

Um Gottes willen!! Nein!!!

Allein angesichts der Aufgabenfülle des Bundesverfassungsgerichtes kann einem Bürger glatt die Luft wegbleiben vor – ja, wovor eigentlich?

Einen kleinen Eindruck von der Vielfalt der Aufgaben mag ein Blick auf die Dokumentationen dieser Riesenbehörde bieten, die sie in den 76 Jahren ihres Bestehens seit 1951 angehäuft haben:

Das Bundesverfassungsgericht verfügt über eine Fachbibliothek mit den Schwerpunkten Staats- und Verfassungsrecht, Verwaltungsrecht, Staats- und Gesellschaftslehre, Politik und Zeitgeschichte. Der Bestand der Bibliothek umfasste im

Dezember 2008 etwa 366.000 Bände und wächst jedes Jahr um etwa 6.000 bis 7.000 Exemplare. Der Zeitschriftenbestand umfasst etwa 1.290 laufende Abonnements, wovon der überwiegende Teil Parlamentaria und Amtsdruckschriften des Bundes und der Länder sind. Im angegliederten Pressearchiv werden zudem alle das Gericht berührenden Materialien gesammelt; es werden täglich zwischen 30 und 40 Tages- und Wochenzeitungen ausgewertet. Die Bibliothek des Bundesverfassungsgerichts verfügt über den größten juristischen Online-Katalog im deutschsprachigen Raum.

Unglaublich!

Fachleute ermittelten, dass in unserem Land 5,72 % aller 41 Millionen Erwerbstätigen im Staatsdienst arbeiten und davon wiederum 10 % in politischen Ämtern. Das sind 23452 Menschen, denen es eventuell an den Kragen geht, wenn sich die Republik von den aufgeblähten Parlamenten und Dienststellen des Bundes und der Länder trennt.

Die Optimisten unter ihnen beschwichtigen aber die Ängstlichen:

„Es wird Jahre dauern, bis die „alten" Beamten aus Tausenden von Gesetzesparagraphen, Verordnungen und Vorschriften den Extrakt herausgefiltert haben, den eine moderne, schlanke, schnelle, zielgerichtete und erfolgreiche Verwaltung zum Arbeiten braucht. Und dann – Freunde – seid ihr alle längst in Pension. So – und jetzt lasst uns endlich anfangen…!"

Als die drei Monate des Kampfes in den Köpfen von 71 Millionen wahlberechtigten Deutschen gekämpft und die Auswertung von sage und schreibe 74 % der eingesandten Postkarten beendet waren, staunten die Skeptiker – die bis zuletzt auf ihren Sieg gehofft hatten – nicht schlecht: Dreiviertel der Absender stimmten mit „ja" und ermächtigten - nein, beauftragten - die Bundesregierung damit, das Land von einer parlamentarischen Demokratie in die Staatsform einer direkten Volksdemokratie zu überführen.

Dieser Schritt hatte natürlich erhebliche Veränderungen in allen Bereichen der Verwaltung und nicht zuletzt auch im Bereich der Kosten zur Folge, die durchweg erfreulich waren. Bund und Länder trennten sich relativ zügig durch angebotene Pensionierungen älterer und nicht (mehr) leistungsfähiger Beamter von teurem Personal und seinen Arbeitsplätzen. Ganze Gebäudefluchten ehemaliger Büros konnten verkauft oder vermietet werden. Die teuren Leasingverträge von Dienstwagen und deren Fahrern fielen ebenso weg wie die immensen Reisekosten hunderter Politiker ins In- und Ausland. Die verbleibenden beamteten Mitarbeiter erhielten leistungsbezogene Zulagen für durchgeführte Projekte, die zur raschen Abwicklung der bisherigen Bürokratie erforderlich waren.

Innerhalb kurzer Zeit wehte ein frischer Wind durch die Amtsstuben der Republik!

Kurzfristig musste nun auch die neue Staatsregierung gefunden und etabliert werden.

Es ging um die sieben aufrechten Weisen, die das Gelingen des Neustarts der jungen Republik anschieben sollten. Dabei zeigte sich bald die Interessenlage der „alten" Politiker, die angesichts der beinahe aussichtslosen Situation zum Rückzug bereit waren. Einige von ihnen wollten sogar den Neuanfang begleiten, indem sie hilfreiche Kontakte zu möglichen Kandidaten knüpften. Dabei zeichnete sich erfreulich schnell ab, dass sie – wie die meisten deutschen Bürger – einer jüngeren Generation von Politikern die Steigbügel halten wollten. Es gelang relativ rasch, Kandidaten zu begeistern. Innerhalb von sechs Monaten fanden sich zehn Kandidatinnen und Kandidaten zur Wahl des neuen „Kabinetts der Weisen" ein, wie die Öffentlichkeit es wünschte. Voraussetzung dabei war es, das diese Personen frei von politischen Bindungen waren. Niemand sollte deshalb Parteimitglied sein, sondern ausschließlich dem Wohl der Republik dienender Freidenker. Die Liste der zehn, aus deren Reihe schließlich sieben bestimmt würden, las sich nicht schlecht (alle Namen sind frei erfunden):

Kandidat A : Prof. Dr. jur. Dr. phil., Fritz Meerbach, Dekan der Universität U., 52, verheiratet, 2 Kinder, Hobby Bergsteigen, wohnhaft in Bayern. Bekannt als Naturbursche im TV.

Kandidat B: Detlev Potaschka, Dr. Dipl.Ing., Kernphysiker, Mitglied der Forschungsgruppe DESY, dort Leiter der Abteilung Plasmabeschleunigung, 48, verheiratet, 3 Kinder, Hobby Fechten, wohnhaft in Hamburg, oft im Sportteil des Hamburger Abendblatts.

Kandidat C: Marianne Ferentz, 40, Forscherin und Autorin wissenschaftlicher Beiträge an Umweltfragen, schreibt u.a. für Greenpeace, ledig, Hobby Weltreisen, wohnhaft in Köln, jedes Jahr Funkenmariechen beim Karneval/TV.

Kandidat D: Per Terhaagen, Dr. Ing. Schiffsbau, 48, Kurator am Oceaneum Stralsund, verheiratet, 2 Kinder, wohnhaft in Stralsund, Hobbies Tauchen, Rekord-Kajakfahren.

Kandidat E: Rita Christiansen, 40, Prof. Dr. med., Chefärztin Klinikum Frankfurt/M., verheiratet, keine Kinder, Hobby Bienenzüchterin ohne Helm.

Kandidat F: Herbert Hartmann, 50, Prof. Dr. hc., Dr. phil., Freie Uni Berlin Institut f. Psychoheterosie, verheiratet, zwei Kinder, Hobby Sammlung Alter Meister.

Kandidat G: Fred Manteuffel, 52, Erfolgs-Romanautor beim Verlag Florence, wohnhaft in Erfurt, verheiratet, 2 Kinder, Hobby Segelfliegen.

Kandidat H.: Silke Zachariassen, 38, Hausfrau, Buchautorin, verheiratet, 2 Kinder, wohnhaft Heidelberg, Hobby Kochen und Backen.

Kandidat I.: Cem Ylen., 39, Pianist, Organist, Domkantor Skt. Thomas in Derlsbach a.T., verheiratet, 1 Kind, Hobby Bierbrauen

Kandidat J.: Doris Bretschneider, 48, Prof. Dr. phil. an der Privat-Uni G.S.-Stauffen, verheiratet, wohnhaft Felden/Rhein, Hobbie Jazzmusikerin.

Die zehn Kandidaten wurden gebeten, aus ihrer Reihe einen Sprecher zu ernennen. Man entschloss sich nach einer Woche ausführlicher Beratung für eine Dame, nämlich Frau Dr. Doris Bretschneider. Sie wiederum übernahm die Aufgabe, aus den verbliebenen neun

Kandidaten die sieben Weisen und zwei Beisitzer zu benennen, die als Protokollführer und Pressereferenten ohne Stimmrecht dabei wären. Die Wahl der Sieben Weisen fielen – wie nett – auf zwei weitere Damen, nämlich Frau Zachariassen und Frau Ferentz.

Die Bezahlung der Regierungsweisen sieht ein Jahresgehalt von netto 100 000 Euro vor. Reisen, Bewirtung usw. müssen über Spesenrechnungen begründet und abgerechnet werden. Die Entgegennahme jeglicher Sach- und Geldspenden sowie personen- und tätigkeitsbezogenen Geschenken ist den Regierungsmitgliedern und sämtlichen Mitarbeitern ebenso untersagt wie vergütete Nebentätigkeiten. Jegliche Beteiligung von Nichtregierungsorganisationen (z.B. Lobbyisten) an Regierungsaufgaben ist ebenso untersagt wie deren Anwesenheit auf Regierungsgrundstücken bzw. in Gebäuden.

Mitglieder der Regierung dürfen fachlichen Rat von Nichtregierungsorganisationen anfordern, entgegennehmen und verwerten, wenn sie derartige Vorgänge dokumentieren und innerhalb der Regierung offenlegen.

Als Starttermin der Regierung des neuen deutschen Staates einigten sich alle Beteiligten und Betroffenen nach vielen langen Sitzungen auf den 1. Januar 2028.

2028

Die neue Regierung arbeitet.

Die ersten Bemühungen der sieben Weisen galten den Bürgern der Nation. Es ging darum, sich bekannt zu machen und Vertrauen aufzubauen. Dazu eigneten sich am besten die öffentlichen Medien, die allesamt längst darauf gewartet hatten, ausführlich berichten zu können.

Das erste geplante Event fand an einem Sonntagabend im Februar als Fernsehsendung in einem großen Berliner Theater statt und wurde von einem beliebten Moderator vor tausend Zufallsgäste mit freiem Eintritt moderiert. Es hatte den Charakter einer Unterhaltungsshow.

Während zwei Stunden gelang es dem fabelhaften Moderator tatsächlich, dem gespannten Publikum die sieben Weisen vorzustellen und eine gelöste Atmosphäre zu schaffen, die schon bald sogar erste Beifallsstürme entfesselte.

Eingestreute Auftritte bekannter Künstler und eine längere Sektparty in der Pause, bei der das Publikum die Weisen hautnah beschnuppern durfte, taten ein Übriges.

Nach der Pause gab es Gelegenheit, Fragen

an die weisen Damen und Herren zu stellen, die geradezu ein Feuerwerk an guter Laune erzeugten, wenngleich gespannte Szenen mit ernsthaften Antworten auf neugierige Fragen doch die Bedeutung der Veranstaltung unterstrich.

Schließlich – nach über drei Stunden – überzeugten die Schlussworte des Moderators das Publikum und Millionen von TV-Zuschauern und Radiohörern davon, eines historischen Augenblicks deutscher Politik beigewohnt zu haben: Endlich wieder Ehrlichkeit, Zuverlässigkeit, Sicherheit und Vertrauen in die neue Politik! Man sah so manche Freudenträne in den Augen der Menschen. Niemand würde diesen Abend so bald vergessen.

Schon am folgenden Tag legte die neue Regierung die ersten Erfolge ihrer Tätigkeit vor:

Die bedingungslose Grundsicherung aller Bürger.

Jeder Bürger muss einen Anspruch auf eine minimale Grundsicherung haben und dies sogar dann, wenn er sich nichts mehr wünscht als einfach nur zu leben, ohne zu arbeiten.

Nach dieser Maxime wird die neue

Regierung zuerst diejenigen Bürger der Republik von ernsten Sorgen um ihre Lebensexistenz befreien, die dies nicht aus eigener Kraft können oder dies nicht wollen. Ihr Plan sieht vor, dem bedürftigen alleinstehenden Bürger einen Betrag von monatlich 500 € in Form von unverkäuflichen Gutscheinen für Lebensmittel, Kleidung und einfache Kommunikation (Telefonkarten) sowie Bildung (Mitgliedskarte von öffentlichen Büchereien) und lokale Fahrscheine für Bus und Bahn auszuhändigen. Weitere 500 € zahlt der Staat direkt an den Vermieter einer einfachen Wohnung inkl. Heizung, Strom und Wasser. Ferner versichert der Staat den Bürger bei einer Gesundheitsversicherung gegen ärztlich bescheinigte notwendige Behandlungskosten.

Lebt der Bedürftige in einer dauernden Personengemeinschaft mit weiteren Bedürftigen, so erhält der zweite Erwachsene dieser Gemeinschaft die Leistungen des ersten Bedürftigen in Höhe von 80 %, jeder weitere Bedürftige inkl. Kindern von je 60 %.

Während der Zeiten der staatlichen Zuwendungen dürfen die Empfänger keine bezahlten Tätigkeiten übernehmen. Auch ist das öffentliche Betteln nicht gestattet.

Die bedingungslose Grundsicherung für z.Zt. ca. 10 Millionen Bürger wird einige zig

Milliarden Euro pro Jahr kosten und aus Steuergeldern bezahlt.

Dazu sind Steuererhöhungen vorgesehen z.B. bei Genussmitteln, Einkommen, Vermögen, Mineralöl, Erbschaften u.ä.

Klimaschutz

Die Regierung hat nach zustimmender Beteiligung der Bevölkerung folgende Klimafolgenvorgänge eingeleitet bzw. angeordnet:

1. Begrenzung des CO_2-Ausstoßes von Verbrennungskraftmotoren in neuen Kfz jeglicher Art auf 95g/km ab Ende 2030.

2. Vorhaltung von Landanschlüssen in der Fracht- und Passagierschifffahrt für deren zwingende Betankung mit Strom, Flüssiggas oder anderen klimaneutralen Kraftstoffen in allen deutschen See-, Fluss- und Binnenhäfen bis Ende 2035.

3. Einführung der bereits 2019 von der Bevölkerung verlangten

a)Einführung einer Höchstgeschwindigkeit auf Bundesautobahnen von 130 km/h

b)Einführung einer Höchstgeschwindigkeit auf Bundestraßen von 100 km/h

c)Einführung einer Höchstgeschwindigkeit

auf Landstraßen von 80 km/h

d)Einführung einer Höchstgeschwindigkeit von 30 km/h in Wohngebieten von Ortschaften

e) Einführung eines Höchstwertes von 80 Dezibel bei Auspuffanlagen aller neuen Fahrzeuge inkl. Zweirädern bis 2025

<u>Erweiterung der deutschen Waffengesetze</u>

Die Regierung hat nach Zustimmung von 92% aller Bürger verfügt, dass der Besitz von Waffen und deren Nachbildungen (Attrappen, Spielzeug) verboten sind. Ausgenommen sind lediglich mit Waffenerwerbsschein erworbene Sport- und Jagdwaffen innerhalb von Schießständen eingetragener Schützenvereine sowie innerhalb von Jagdrevieren und bei eingetragenen Fachfirmen der Sicherheits- und Wachschutzfirmen.

Alle Waffen in Privatbesitz* sind umgehend gegen Quittung bei den Ordnungsbehörden abzuliefern.

Ferner wird der Export in Deutschland hergestellter Waffen und Waffensysteme nach den geltenden Kriegswaffenkontrollgesetzen sehr viel genauer geprüft und reglementiert werden.

*Verbotene Waffen in Privatbesitz
Stockdegen Laserpointer, Schlagringe, Wurfsterne
Butterflymesser, Fallmesser Molotowcocktails
Nicht   zugelassene   Reizstoffsprühgeräte
       Elektroschockgeräte

2030

Das neue Jahrzehnt startet mit einer überraschenden Initiative der UN, endlich den Startschuss zur Demokratisierung und Beseitigung der Armut der Völker der dritten Welt zu geben.

Es ist die erste Konferenz, die mit einer vollkommen neuen Thematik und Taktik wirbt:

Der Generalsekretär der UNO läutet die große Messingglocke auf seinem Rednerpult und wartet einige Sekunden auf die erbetene Ruhe. Dann beginnt er mit ruhigen, langsamen und deutlich betonten Worten seine Rede.

„Sehr geehrte Präsidenten, Regierungschefs, Kanzler, Eminenzen, königliche Repräsentanten, staatstragende Geistliche und Würdenträger, meine Damen und Herren:

In meiner Eigenschaft als Generalsekretär und Präsident der heute beginnenden alljährlichen Vollversammlung der Vereinten Nationen begrüße ich Sie herzlich hier bei uns in New York und danke ihnen für ihr vollzähliges Erscheinen. Ich bin glücklich darüber, hier heute alle nunmehr schon 199 ordentlichen Mitgliedstaaten der Vereinten Nationen zu begrüßen.

Ich weiß allerdings nicht, meine Damen und

Herren, ob ich sie ebenso glücklich machen kann mit dem, was ich ihnen jetzt mitteilen werde. Es geht mir nämlich um nichts mehr oder weniger als ihnen mitzuteilen, dass ich es gründlich leid bin, unser Verhalten gegenüber den Menschen dieser Welt weiterhin zu unterstützen und zu teilen."

An dieser Stelle unterbricht der Generalsekretär seine Rede, um sich an der atemlosen Stille zu laben, die das Gremium erfüllt. Dann fährt er fort mit immer noch leiser, aber nun schneidend scharfer Stimme:

„Wissen sie – ich beobachte wie die meisten von ihnen seit vielen Jahren, was wir hier bei unseren alljährlichen Versammlungen eigentlich tun. Aber ich beobachte auch – genauso wie sie - was wir hier nicht tun."

Nun hebt der Generalsekretär seine Stimme um vielleicht eine Terz und die Lautstärke um bestimmt zehn Dezibel auf das Doppelte und donnerte somit in den Saal:

„Wir ergehen uns geradezu genüsslich und gehässig in gegenseitigen Beschimpfungen und Beleidigungen, in Schuldzuweisungen und Verleumdungen, in Lügen und Verdächtigungen, die in den meisten Fällen jeglicher Wahrheit, Ehrlichkeit und Vernunft entbehren. Aber wir versuchen kaum jemals, uns als Partner, als Freunde, als Retter der

231

Milliarden von Bürgern da draußen in unserer Welt zu verstehen.

Da draußen nämlich, an den Fronten der Kriege und Hungersnöte, werden wir dringend gebraucht!

Die Flüchtlingsströme Vertriebener müssen wir zurückführen in sichere Heimatländer!

Dem Abschlachten Andersdenkender und der Bedrohung durch tödliche Atomstrahlen müssen wir Einhalt gebieten!

Ich will ihnen noch einmal die wichtigsten Aufgaben der UNO-Organisation vor Augen führen. Es sind gemäß ihrer Charta die Sicherung des Weltfriedens, die Einhaltung des Völkerrechts, der Schutz der Menschenrechte und die Förderung der internationalen Zusammenarbeit. Im Vordergrund stehen außerdem Unterstützung im wirtschaftlichen, sozialen und humanitären Gebiet.

Inzwischen ist nicht mehr zu erkennen, dass wir bis heute diesen Zielen wesentlich näher gekommen sind, sondern uns im Gegenteil weiter von ihnen entfernen. Ich sehe heute die Vereinten Nationen in einem tiefen Tal der Bedeutungslosigkeit, aus dem sie – und das nicht einmal besonders eifrig – versuchen, zu entkommen. Unsere regelmäßige Tätigkeit, deren Erfolge zugunsten der Menschheit wir eigentlich bei unseren jährlichen Treffen in dieser Runde stolz verkünden und mit Recht loben sollten, ist zu einem armseligen Lamentieren und Debattieren über unser Unvermögen verkommen, das die Welt nur noch als peinlich belächelt. Und ich selbst schäme mich nicht, diesen unglaublichen Missstand in aller Öffentlichkeit zu erwähnen, ja – ihn anzuprangern.

Aber jetzt, meine Damen und Herren, die wir alle zusammen verantwortlich sind für unser gemeinsames – ich wiederhole es noch einmal in aller Deutlichkeit - gemeinsames Tun, ist Schluss damit.

Heute ist der Tag der Wende und wir werden niemals mehr zu unserem Tun der Vergangenheit zurückkehren, sondern nur noch nach vorn schauen. Wir werden ab heute nicht mehr über unsere Fehler und Schwächen, über unser Unvermögen zu Verständigung und Übereinkunft, über Probleme und Versagen lamentieren. Sondern wir werden darüber sprechen, wie wir alle zusammen einen neuen Weg zu unserem einstigen Ziel finden, das damals vor 105 Jahren formuliert wurde."

Gemurmel im Saal. Vereinzelter Applaus.

„Vor ihnen liegt ein gewichtiges Schriftstück, das die von mir als dem derzeit maßgebenden und verantwortlichen Leiter der Vereinten Nationen ausgearbeiteten neuen

Regeln und Richtlinien enthalten.

Punkt eins dieser Richtlinien enthält den neuen Verhaltenskodex der Mitglieder der UNO innerhalb und außerhalb dieses Gebäudes sowie allen öffentlichen Organen gegenüber. Darin verpflichten wir uns alle, jegliche Polemik untereinander und Dritten gegenüber strikt zu unterlassen. Es kann und darf nicht sein, dass dieses Auditorium und seine einzelnen Mitglieder sich gegenseitig öffentlich verbal oder gar persönlich und schriftlich in Misskredit bringen. Sollte ein solches Verhalten künftig dennoch vorkommen, so wird die Vollversammlung ermächtigt, solche Mitglieder scharf zu rügen oder sie im Wiederholungsfall von den Sitzungen auszuschließen."

Pfiffe, Rufe „Hört-hört".

„Punkt zwei soll sich der Inkompetenz der Vereinten Nationen bei wichtigen gemeinsamen Beschlüssen annehmen und diese stärken.

Es gibt seit langem äußerst interessante Vorgänge zu diesem brisanten Thema:

Einer unser letzter Generalsekretäre,

mein Vorgänger Kofi Annan, hatte schon 2005 einen 63-seitigen Katalog von Maßnahmen erstellt, der die Erweiterung des Sicherheitsrates, einen neuen Menschenrechtsrat, mehr Kompetenzen für den Generalsekretär und mehr Mittel für

Entwicklungshilfe begründet und gefordert hatte. Noch wichtiger schien Herrn Annans Vorschlag, die Einrichtung einer parlamentarischen Versammlung bei den UN, um die Basis der Entscheidungsträger zu verbreitern. Es wurde sogar über eine interparlamentarische Union IPU diskutiert, die bereits seit 1889 existiert und die seit 2003 einen Beobachterstatus bei der UN Generalversammlung besitzt.

Die Mitglieder dieser Organisation, von denen sich einige heute hier eingefunden haben, begrüße ich besonders."

Beifall.

„Am weitesten fortgeschritten liest sich die

Kampagne für ein UN-Parlament:

Im April 2007 hat sich in der „Kampagne für eine Parlamentarische Versammlung bei den Vereinten Nationen" ein internationales Netzwerk von Nichtregierungsorganisationen und Parlamentariern formiert, das ausschließlich an diesem Ziel arbeitet. Der Kampagne haben sich inzwischen rund 1.500 Abgeordnete und mehr als 250 Nichtregierungsorganisationen aus aller Welt angeschlossen. Sekretariat der Kampagne ist der 2003 gegründete in Berlin ansässige Verein Democracy without Borders (vormals: Komitee für eine demokratische UNO)."

„Sie sehen also, dass durchaus Bewegung in der Fortentwicklung unserer UN existiert. Ich werde diese Entwicklung mit aller Tatkraft aufgreifen und neu beleben."

Ein erster kräftiger Applaus brandet auf!

„Das Ziel dieser und aller weiteren Sitzungen der Vollversammlung ist deshalb der unbedingte Willen zu Lösungen der wichtigsten Probleme dieser Welt zu finden, die dringend nötig sind.

Es sind diese eigentlich nur drei:

1. Das Bewusstsein aller Staatenlenker der Welt zu schärfen, dass sie alleine für das Wohl, die Sicherheit und den Fortbestand ihres und aller anderen Völker verantwortlich sind,

2. dass alle Staaten der ganzen Welt sich dazu verpflichten, keinerlei Waffengewalt gegeneinander auszuüben und

3. alles für den dauerhaften Frieden, die gegenseitige Achtung und Lebensweise ihrer Nachbarn zu tun.

Ich habe als Generalsekretär der UN die Aufgabe, heute alle anwesenden Staatenlenker schriftlich dazu zu verpflichten, den genannten drei Punkten zuzustimmen.

Sie werden jetzt ein Schriftstück mit den Forderungen der drei Texte zur Unterzeichnung überreicht bekommen.

Zusätzlich wird jeder Staatenlenker dem gesamten Gremium gegenüber die Versicherung abgeben, sein Volk über diese drei Grundsätze zu informieren und sich dazu bereit erklären, im Falle von deren Nichtbeachtung von der Verantwortung der Staatsführung seines Volkes zurückzutreten."

Tumult und einzelne Buh-Rufe! Der Generalsekretär fuhr indes unbeirrt fort:

„Schließlich wird allen Staatenlenkern aufgetragen, sich in einem Zeitraum von einem Jahr um die vollkommene Demokratisierung ihrer Nationen zu kümmern, indem sie freie und geheime politische Wahlen zulassen, die Gewaltenteilung zwischen der Regierung, der Justiz und den Polizeien einführen und die Staatsmacht den Bürgern ihrer Völker zu übergeben.

Staaten, die keinerlei Anstrengungen zu ihrer Demokratisierung erkennen lassen, können von den Hilfsangeboten der UN ausgeschlossen werden. Darüber wird jeweils der UN Sicherheitsrat entscheiden."

Es dauerte keine drei Sekunden, bis der Tumult im großen Saal am Ufer des East River in New York endgültig losbrach.

Zuerst sprangen die Repräsentanten der 24 reinen Demokratien auf, klatschten begeistert in die Hände und johlten vor überschäumender Freude. Ihnen folgten – allerdings um einiges gesitteter – die 44 Repräsentanten der Monarchien und schließlich die 57 Unvollständigen, die sich unter hämischem Gelächter des übrigen Gremiums jedoch schnell wieder beruhigten.

Unerfreulich zeigte sich der weitere Verlauf der Sitzung, als die Vertreter der fünf Vetomächte USA, England, Frankreich, Indien und China grimmigen Blickes und schweigend geschlossen den Saal verließen und sich trotz einiger gellender Pfiffe nicht aufhalten ließen.

Dass diese 84ste Generalversammlung der UN in der ganzen Welt endlich einmal wieder mehr als eine tagesaktuelle Beachtung fand, ist das Verdienst des jüngsten UN-Generalsekretärs aller Zeiten, nämlich dem 50-jährigen Prof. Dr. Curt Adenauer, Ur-Urenkel eines ehemaligen deutschen Bundeskanzlers.

Übrigens erschienen die fünf Vetomächte am folgenden Sitzungstag wieder geschlossen im Plenum, wo man sie mit „standing ovations" empfing!

Keine neuen Verbrennungsmotoren mit fossilen Kraftstoffen mehr aus Deutschland.

Der Verband der Autoindustrie VDA bestätigte durch seinen Präsidenten, dass die Herstellung von Verbrennungsmotoren mit Benzin und Dieselöl für den deutschen Markt bis Ende des Jahres eingestellt werde.. Der Import von Fahrzeugen mit solchen Motoren nach Deutschland werde ebenfalls untersagt.

Ältere Dieselfahrzeuge, die den geltenden deutschen Emissionsschutzgesetzen nicht genügen, nicht umgerüstet werden können und daher in Deutschland nicht zum Straßenverkehr zugelassen sind, dürfen weder im Inland noch anderweitig weiterverkauft werden.

Deutschland wird Zentralstaat, die Föderation ist abgeschafft

Die Bevölkerung Deutschlands hat mit einer Zustimmung von 76 % beschlossen, dass die Bundesrepublik Deutschland ab dem 1. Januar 2030 eine zentral geführte Bundesrepublik mit dem Namen „Demokratische Republik Deutschland" (DRD, international Democratic Republic of Germany, DRG) wird.

*Regierungssitz)[1] der Republik ist Berlin, die 16 Länder der DRD verwalten sich im Rahmen ihrer Kompetenzenhoheiten)[2] weiterhin selbst.

Keine Flüchtlinge mehr in EU-Ländern erwartet

Die Regierung der Europäischen Union in Brüssel gibt bekannt, dass mit Ablauf des Jahres an den Außengrenzen der EU (Schengengrenzen) keine politischen und/oder wirtschaftlichen Flüchtlinge aus Drittstaaten der Welt mehr erwartet werden. Es können daher verschärfte Grenzkontrollen entfallen und Aufnahmelager geschlossen werden.

Der Autor dieses Buches Helge Janßen ist im Alter von 91 Jahren gestorben

Er bedankt sich bei seinen Lesern für ihre Geduld und für ihr Verständnis dafür, dass nicht alles so gekommen ist, wie er es sich und der Welt gewünscht hatte. Seine Ehefrau Silke wird sein Erbe in seinem Sinne verwalten.

---

*Regierungssutz)[1] Regierungshoheiten der Regierung und)[2] Kompetenzenhoheiten und der Bundesländer

Oldtimerstreit entbrannt

Die Besitzer historischer Autos bis zum Baujahr 2000 – sogenannte 30 Jahre alte Oldtimer – sind enttäuscht bis ärgerlich. Viele Länder der Welt vor allem in Europa wollen ihre Grenzen für diese Fahrzeuge schließen oder das Fahren wenigstens teilweise einschränken. Begründung ist regelmäßig der übermäßige Schadstoffausstoß der Motoren ohne Katalysator oder Filter. Die nationalen Oldtimerverbände und die FIVA (Federation Internationale des Vehicules Anciennes) laufen Sturm:

„Der Anteil von etwa 350 000 Oldtimern zu 45 Millionen jüngerer Autos beträgt lediglich 0,8 % und sei damit zu vernachlässigen."

Obschon Oldtimer bei der Bevölkerung sehr beliebt sind, scheint es doch unmöglich, eine Phalanx von Oldtimerfreunden ohne eigene Oldtimer zu gewinnen.

Die FIVA strebt nun an, eine Fahrleistung von 5000 Kilometern pro Jahr für Oldtimer in Europa ohne Einschränkungen konzessionieren zu lassen.

Sollte es keine Lösungen geben, dann würden Oldtimerbesitzer Millionenverluste erleiden.

Alle Kern-KW (AKW) Deutschlands sind abgeschaltet:

Deutschland ist das erste Land der Welt, in dem keine AKW mehr in Betrieb sind. Möglich wurde dieser Erfolg durch die rigorose Staatsbeteiligung an den Stilllegungskosten für die Abschreibungen sowie die Entsorgung und Zwischenlagerung der Brennstäbe. Die Kosten von rund zehn Milliarden Euro schulterte das Land durch eingesparte Mittel aus dem Wegfall der immensen Verwaltungskosten des Politikbetriebs der ehemaligen föderalen Bundesrepublik.

Der deutsche Staat erntete damit nicht nur das Lob anderer Industrieländer sondern regte allerorts das Nachdenken über eigene Maßnahmen an. Die ersten Nachahmer sind Belgien, Frankreich, England und Italien, die über den Föderalismus ihrer Länder nachdenken.

Der Rückbau der AKW wird allerdings überall wesentlich länger andauern und Strahlungsrisiken bleiben damit mancherorts noch bestehen.

Autonomes Autofahren nur auf Autobahnen.

Die Autoindustrie war einst der Vordenker und Antreiber von sog. Fahrerassistenzsystemen, die den Autofahrern ihr Handwerk buchstäblich aus der Hand nehmen sollten. Es begann in den achtziger Jahren des 20. Jahrhunderts mit Zauberformeln wie ABS für „Automatisches Bremssystem", ESP für „Elektronisches Stabilitätsprogramm" und BAS für „Bremsassistent", das in praktisch jedem modernen PKW anzutreffen ist.

Das Ziel der Autoindustrie war ehrgeizig und wurde hartnäckig verfolgt: Es sollte das sog. autonome Fahren – praktisch weitgehend ohne Zutun des Fahrers – sein. Das ging schief:

Es gelang nicht, sämtliche möglichen Störfaktoren des Straßenverkehrs auf jeder Art von Straßen und bei allen Umwelteinflüssen und menschlichem Fehlverhalten auszuschließen, um Unfälle zuverlässig zu verhindern.

Außerdem zeigten längst nicht alle Autofahrer das nötige Interesse für selbstfahrende Autos, sondern hielten hartnäckig am BMW-Slogan „Freude am Fahren" fest.

Inzwischen haben die verantwortlichen

Regierungen – auch die in Deutschland – verfügt, dass das sog. autonome Fahren ohne Eingriff des Fahrers ausschließlich auf dreispurigen Autobahnen mit Standspur möglich sein darf und sich damit auf die drei Fahrereignisse „Abstandhaltung bei Kolonnenfahrt bis zum automatischen Stillstand", „Spurwechsel" und „sichere Geschwindigkeit bei Rutschgefahr" beschränkt.

In allen dieser Fälle muss der Fahrer innerhalb von drei Sekunden das Steuer in der Hand halten und aktionsfähig sein.

Assistenzsysteme wie selbsttätiges Einparken o.ä. sind nicht betroffen.

Öffentliche Verkehrsmittel wie Busse und Großtaxen dürfen auf besonders für sie eingerichteten und Kreuzungsfreien Fahrspuren ohne Begleitpersonal (Fahrer) verkehren. Eine Nothaltevorrichtung mit Notruf muss an Bord sein.

Raketenstart in Nordkorea missglückt. Atomseuche droht. Machthaber Kim Jong Un getötet?

Koreanische Nachrichtenagentur
KCNA in Pjöngjang:

„FESTTAG FÜR UNSER VOLK: ATOMRAKETE FÜR AMERIKA
Heldenhafter Kim Jong un triumphiert

Am diesjährigen 16. Februar, „Tag des strahlenden Sterns" und Geburtstag des „Ewigen Präsidenten" und „Geliebten Führers" der nordkoreanischen Nation Kim Il sung wies sein jüngster Sohn, Präsidiumsvorsitzender der Obersten Volksversammlung und Oberster Führer Kim Jong-un uns, die KCNA an zu verbreiten, dass zu Ehen seines Vaters erneut eine Langstreckenrakete vom Typ Hwansong 18 abgefeuert worden ist. Dieses Mal handele es sich aber nicht um einen Test, sondern um einen mit einer Atomwaffe bestückten Flugkörper. Dieser ist in südöstlicher Richtung über Japan hinweg auf dem Weg zur Westküste der USA unterwegs und wird die Region um San Franzisco verwüsten. Der Angriff ist ein Vergeltungsschlag der nordkoreanischen Nation gegen die zunehmenden

Erpressungsversuche und immer schärferen Sanktionen der USA gegen das friedliebende Volk Nordkoreas.

Die gesamte Weltpresse reagierte natürlich sofort auf die schockierende Meldung und versetzte Millionen von Bürgern und sämtliche Regierungen in Angst und Schrecken.

Bei den Regierungen der unmittelbar betroffenen Staaten Japan, China und den USA für die Insel Guam schlugen die Alarmglocken an und setzten militärische Gegenmaßnahmen ein.

Auf Guam und Hawaii wurden THAAD/Patriot Raketen mit kinetischen Gefechtsköpfen, die anfliegende ballistische Raketen im Weltall zerstören, scharf gemacht.

Die Japaner auf Hokkaido taten das Gleiche mit einer schiffsgestützten SM-4a.

In Südkorea startete sofort die südlich der Grenze zu Nordkorea stationierte strategische militärische Eingreiftruppe mit schweren Fahrzeugen und Boeing Kampfhubschraubern AH-64D „Apache Longbow" zu einem eventuell nötigen Gegenschlag nordkoreanischer Truppen.

In aller Welt klebten die Ohren von Millionen Hörern an Radiolautsprechern und Smartphones, versammelten sich tausende Kunden vor den Fernsehern in den TV-

246

Abteilungen der Kaufhäuser oder liefen mit gezücktem Smartphones vor den Augen blindlinks durch und über die Straßen.

Alles wartete auf die Nachricht über die Flugbahn der Rakete – würde sie wirklich die USA erreichen? Mit welcher Reaktion der Supermacht musste die Welt rechnen? Würde es einen atomaren Gegenschlag geben, der nicht nur Nordkorea sondern große Regionen um das Gelbe Meer verwüsten sowie Japan und Teile Chinas träfe?

Zwei Stunden nach den ersten Meldungen sprach im japanischen Fernsehen ein total aufgeregter Reporter mit sich überschlagender Stimme und deshalb in mühsamer Übersetzung ins amerikanische, dann schließlich auch in deutscher Sprache von einem „Unglück beim Start der Rakete". Dabei sei deren letzte Stufe explodiert, ohne dass die Rakete abgehoben habe. Die Explosion der größten Treibstoffmenge habe den Startturm und alle umliegenden Gebäude zerstört und Trümmer seien bis zu den Tribünen geflogen, auf denen die Militärs und hochrangige Gäste den Raketenstart beobachten wollten. Es habe überall Tote und Verletzte gegeben.

Eine weitere halbe Stunde später sprach ein Regierungssprecher im südkoreanischen Fernsehen von einer „Giftwolke, die einer

247

südöstlichen Luftströmung nach Südkorea treibe". Die Bevölkerung solle sich in Gebäuden in Sicherheit bringen und die in jeder Familie und allen Betrieben vorhandenen Schutzmasken über Mund und Nase stülpen. Die Warnung wurde stundenlang in zehnminütige Intervallen wiederholt.

Danach sendete das nordkoreanische Fernsehen nur noch die grellen Flammen des abbrennenden Treibstoffes und einzelner brennender Gebäude auf dem Raketenstartgelände.

Weitere Stunden vergingen. Dann wurde der Welt verkündet, dass der von der Rakete getragene Atomsprengkopf offenbar nicht gezündet und explodiert sei, jedoch stark beschädigt wurde und erhebliche Mengen an hochstrahlendem atomaren Material freigesetzt habe, das mit einer südlichen Luftströmung über Südkorea zöge und bereits die Hauptstadt Seoul erreicht habe.

Als ein Reporter wissen wollte, ob unter den Offizieren auf der Tribüne etwa auch der Staatschef Kim Jong un sei, wurde das TV-Programm sofort abgeschaltet und blieb für Stunden dunkel.

Die Starts der scharf geschalteten Abfangraketen der Japaner und Amerikaner auf Hokkaido, Guam und Hawaii konnten noch rechtzeitig gestoppt werden.

Im weiteren Verlauf des Tages, der die Menschen zu mindestens vom Schrecken eines Atomkrieges befreite, ereigneten sich an der Grenze zwischen den beiden koreanischen Ländern eigenartige Dinge.

Die im Süden ausgerückten Militäreinheiten hatten in Erwartung heftiger Gegenwehr alle Vorkehrungen der Abwehr ergriffen, als sie stutzten und mit offenen Mündern staunten.

Die „feindlichen" Soldaten, die ihnen über die Grenze entgegenliefen, schickten sich nicht etwa an, ihre Waffen zu gebrauchen, sondern warfen ihre Maschinenpistolen und Handgranaten weg, rissen die Arme in die Höhe und fielen den südkoreanischen Kollegen um die Hälse. In ihrem Gefolge ergoss sich ein nicht enden wollender Strom von Zivilisten, die sich jubelnd unter die Soldaten mischten.

Es stellte sich bald heraus, dass die gesamte Länge der Staatsgrenze zahlreiche Löcher aufwies, durch die immer neue Menschenmassen nach Süden stürmten.

Die Nacht, die sich bald über die beiden Koreas senkte, offenbarte der übrigen Menschheit die ganze Bitterkeit, die die Völker getrennt hatte:

Hier in Südkorea der glitzernde Reichtum einer weltweit erfolgreichen Industrienation mit ihren Autoschlangen auf hell erleuchteten Autobahnen und Avenuen, farbenfroh gekleideten lachenden Bürgern. Und dort die durchweg unterernährten grauen und abgerissenen Massen der verarmten Einwohner einer erzkommunistischen Militärdiktatur, in der Folter und Hunger herrschten und wo es allenfalls den 1,2 Millionen Soldaten noch relativ gut ging.

Und wer jemals den Blick aus dem Flugzeug auf die Nachthimmel über Nord- und Südkorea schweifen lassen durfte und das schwarze Loch des Kommunismus zu deuten wusste, der mochte es kaum glauben…

Der Freien Welt blieb nun nur noch übrig abzuwarten, was die Staatsmänner rund um das Gelbe Meer tun würden angesichts des Erdrutsches auf der koreanischen Halbinsel.

Was unternahm die Schutzmacht China? Nichts! Und Japan? Erst recht nichts! Aber die UNO nahm den neuen Schützling unter ihre Fittiche. Als 199ste Demokratie! (Über Kim Jong un wurde übrigens nie mehr ein Wort verloren).

2040

EU und UN starten Aktion „Wir retten Afrika" – Kontinent soll in zehn Jahren befriedet sein.

Unter der Führung Deutschlands und mit den Staaten Frankreich, Österreich und Belgien startet eine Großaktion, um vier der 25 notleidenden afrikanischen Staaten – nämlich Swasiland, Ruanda, Sudan und Äquatorialafrika - zu helfen. Es sind die Staaten, deren ehemalige Diktatoren König Mswati III., Paul Kagame, Omar Hassan al-Baschir und Teodoro Obiang Nguema heute nicht mehr am Leben bzw. nicht mehr an der Macht oder gemäßigte Führer sind, die am ehesten zu einer demokratischen Staatsform begleitet werden könnten.

In den vier Ländern fehlt es der einfachen Bevölkerung an nahezu allem, was zum Leben nötig ist: Es gibt zu wenig Lebensmittel, zu wenig Trinkwasser, zu wenig medizinische Versorgung, zu wenig Bildung.

Die Deutschen senden Bautrupps mit komplett eingerichteten Krankenstationen ins Land, so wie sie es schon im Wert von einer Milliarde Euro zu einer raschen Genesung tausender notleidender Bürger der jungen neuen

Republik Simbabwe getan hatten.

Frankreich kümmert sich vor allem um den Aufbau flächendeckender Mobilfunknetze und Volksschulen auf dem Land.

Die Belgier bohren Brunnen in Ödgebieten, um sie urbar zu machen und Getreide anbauen zu können.

Österreich beteiligt sich mit seiner spezialisierten Eisenbahnindustrie um neue Verkehrswege in allen vier Ländern. Es fließt sehr viel Geld und noch mehr Manpower.

Die Initiativen der Europäer finden bald Anerkennung in der Welt und es werden zunehmend auch schon Vertragswerke mit den künftigen Lieferanten aus Afrika angeschoben.

Einer der wichtigsten Erfolge der Europäer besteht in der Wiedererweckung einer Wirtschaftsunion, die es eigentlich in Afrika schon lange gab, die jedoch mit neuem Leben erfüllt werden musste. *Die „Zentralafrikanische Wirtschaftsgemeinschaft, meist abgekürzt CEEAC, (Französisch: Communauté Économique des États d'Afrique Centrale) wurde bereits 1983 auf Initiative der Organisation für Afrikanische Einheit (OAU) durch die sieben Staaten der damaligen Zentralafrikanischen Zoll- und Wirtschaftsunion vertraglich vereinbart.*

Zu der in Libreville (Gabun) gegründeten

Organisation gehören die folgenden Mitgliedstaaten:
Angola
Äquatorialguinea
Burundi
Gabun
Kamerun
Demokratische Republik Kongo
Ruanda
São Tomé
Tschad
Zentralafrikanische Republik.

Der größte Erfolg der Europäer schien schon früh in der Gründung einer internationalen Wirtschaftsgemeinschaft mit allen Staaten der EU ohne Zollschranken zu mindestens für landwirtschaftliche Produkte zu bestehen. Aber die Verhandlungen waren zähflüssig, weil die Europäer die zu erwartenden Dumpingpreise der Afrikaner für deren Exporte fürchteten.

Die Lösung dieses Problems musste daher zunächst durch Subventionen der EU Staaten für ihre eigene Agrarproduktion gelöst werden – an sich ein Unding für eine freie Wirtschaft.

Europa hatte eben noch nicht begriffen, dass die reichen Länder der Welt die Armen unterstützen mussten. Und das würde noch lange so weitergehen müssen...

Erwirtschaftet wurden solche

Ausgleichzahlungen jedoch ohne weiteres durch die immensen Einsparungen der inzwischen zentral geführten Republiken Europas, die vormals Föderationen gewesen waren. Der Segen der vernünftig reformierten Staatsapparate setzte auch hier allenthalben die nötigen Gelder frei!

Keine Braunkohle-Kraftwerke mehr in Deutschland in Betrieb

Die weit überwiegende Menge elektrischer Energie wird in Deutschland und überall in der Welt von sog. Thermalkraftwerken erzeugt, die mit verlorenen nicht erneuerbaren Brennstoffen arbeiten.

Der für unser Klima und das Klima der Welt gefährlichste Brennstoff ist Braunkohle. Sie stößt große Mengen an Kohlendioxyd aus. Deshalb sollen die letzten 12 deutschen Braunkohlekraftwerke schnellstens stillgelegt werden.

Es herrscht ein andauernder Kampf zwischen der Politik und den Kraftwerksbesitzern. Letztere beharren auf Entschädigungen für die vorzeitige steuerliche Abschreibung, für den Rückbau der Kraftwerke und die Versorgung der arbeitslosen Arbeiter. Die Regierung hat - auch unter dem Druck der

Gewerkschaften – großzügige Zuschüsse bewilligt. *Die ersten und schlimmsten fünf Luftverschmutzer wurden daraufhin bis 2040 abgeschaltet. Es sind die Kraftwerke Jänschwalde, Lippendorf, Neurath, Niederaußem und Schwarze Pumpe.*

Über dreißig weitere Kraftwerke mit fossilen Brennstoffen wie Steinkohle, Erdöl und Erdgas laufen indes munter weiter. Der Zielzeitpunkt für die Abschaltung aller restlichen Wärmekraftwerke mit fossilen Brennstoffen wurde nun auf 2060 projiziert.

Anzahl der Verkehrsunfälle drastisch gesenkt: Über 50% weniger Tote!

Die neueste Statistik des Kraftfahrt Bundesamtes in Flensburg veröffentlicht Erfreuliches: Im angelaufenen Jahr 2039 starben „nur noch" 1681 Menschen im Straßenverkehr. Das sind 56,62 Prozent weniger als 2016. Das Amt führt das Ergebnis eindeutig auf die schon 2019 von der Bevölkerung geforderten Geschwindigkeitsbegrenzungen auf Autobahnen sowie Bundes- und Landstraßen zurück. Ebenfalls gesunken ist der Verkehrslärm durch zu schnelles Fahren besonders in den Wohngebieten der Städte und

Dörfer, wo nur noch 30 km/h gefahren werden darf.

Den größten Anteil an den günstigen Zahlen habe man der Technik der Neufahrzeuge zu verdanken, die seit der Verkehrsschilderkennung automatisch geschwindigkeitsreguliert fahren, was auch den verminderten Lautstärkepegel fördere.

Nord- und Südkorea feiern Wiedervereinigung

Ganz Ostasien war begeistert und aus dem Häuschen, als die Staatschefs des ehemals kommunistischen Nordkorea und sein südkoreanischer Kollege am 1. Januar 2040 ihre Wiedervereinigung feierten. Die beiden Staaten waren seit dem Koreakrieg 1950 – 1953 zwischen chinesischen und UN-Truppen am 38. Breitengrad durch eine entmilitarisierte Zone getrennt worden. Ein mehrmals angedachter Friedensvertrag zwischen den beiden Staaten wurde indes nie unterzeichnet.

Gleich nach dem Raketenunglück waren tausende von Soldaten und Bürgern nach Südkorea übergelaufen.

Um die Nachfolge des dabei umgekommenen Diktators Kim Jong un gab es ein kurzes aber heftiges Gemetzel zwischen den verbliebenen hohen Militärs mit weiteren toten Generälen.

In das entstandene Machtvakuum drängten sofort mehrere aus den Militärgefängnissen befreite ehemalige Staatsfeinde, die die Rundfunkstation in Pjöngjang unblutig stürmten und eine provisorische Übergangsregierung ausriefen.

Aus dem wirtschaftlich so erfolgreichen Industrieland Südkorea kam umgehend humanitäre Hilfe:

Kilometerlange Lastwagenkolonnen brachten in den folgenden Monaten Tag und Nacht den ausgehungerten Nordkoreanern Lebensmittel, Medikamente und – vor allem – die lange ersehnte Freiheit.

Mithilfe erheblicher Finanzmittel auch der UN-Weltbank schob man den Wiederaufbau des heruntergewirtschafteten kleinen 21 - Millionenvolkes an. Bei der politischen Konsolidierung klopften die Koreaner des Nordens in Deutschland an: Wie konnte man aus der ehemals straff staatlich gelenkten kommunistischen Scheinrepublik einen funktionierenden Zentralstaat bilden? Das hatten die doch damals so prima hingekriegt.

Eine Delegation aus Berlin beriet die Nordkoreaner solange, bis sie nur noch Koreaner waren. Bald darauf hatten die mit ihrem neuen Zentralstaat den föderalen Süden eingeholt und in kurzer Zeit als 200ste reine Demokratie in den UN brillierte.

Den absoluten Clou aber lieferte das ehemalige bis an die Zähne bewaffnete Nordkorea mit der Nachricht an die ganze Welt ab, dass es die UN darum gebeten habe, ihm sofort bei der Vernichtung seines gesamten Atomwaffenarsenals zu helfen.

Das ließ sich New York nicht zweimal sagen: Innerhalb von einem Monat erschien in der Hauptstadt Pjöngjang eine Truppe bestens ausgerüsteter US Marines, die sämtliche ballistischen Raketen samt ihrer nuklearen Sprengköpfe aus ihren Bunkern holten und sie an Ort und Stelle zerstörte.

Sie fanden allerdings nur vier komplette Systeme mit hoffnungslos veralteten Navigationsausrüstungen vor. Keine Rakete hätte weiter als 4000 Kilometer fliegen und selbst die riesigen USA oder gar das winzige Eiland Guam überhaupt treffen können.

Jaja – Pjöngjang hatte gut geblufft. Aber die Chinesen hatten noch besseren Mist geliefert …

Waffenexporte aus Deutschland drastisch eingeschränkt

Die deutsche Regierung hat mit einer

Volksmehrheit von 89 % beschlossen, keinerlei Rüstungsgüter und Kriegswaffen mehr an Regierungen von Staaten oder Ländern zu liefern, in denen für die Bevölkerung unsichere politische Zustände wie Bürgerkriege, ethnische und religiöse Verfolgung bestehen oder drohen sowie an Länder oder Staaten, die Angriffskriege führen oder führen wollen.

Die Waffenexporte im Gesamtwert von rd. 10 Mrd. Euro/Jahr wurden in 35 Länder geliefert. Den größten deutschen Exporteuren Airbus Group, Rheinmetall, Diehl Defence, Krauss-Maffei Wegmann, Heckler & Koch, ThyssenKrupp Marine Systems und Tognum/MTU entstehen damit riesige Verluste, die zunächst durch Kooperationen und Zusammenschlüsse begrenzt werden sollen.

Einsprüche, Kritik und sogar Drohungen von Gewerkschaften, Zulieferern, Empfängerländern und Auftraggebern kontern die Weisen in Berlin mit wenigen mutigen, aber eindrucksvollen Worten:

„Wer den Frieden unter den Völkern der Welt befördern will, muss zuerst deren Kriege verhindern!"

Die Kritik ließ nicht lange auf sich warten. Wirtschaftsverbände aller Art konterten bissig:

Allerdings hat das Vorgehen der deutschen Regierung selbst im eigenen Land nicht die volle Unterstützung aller Bürger erfahren, denn von den -zigtausend Beschäftigten der Rüstungsindustrie landeten die zweit- und drittbesten Mitarbeiter zunächst bei den Arbeitsämtern und Jobcentern. Die Republik musste deshalb erneut in die Staatsschatulle greifen und den Betroffenen großzügige Umschulungsbeihilfen und Übergangsgelder zahlen. Dennoch landete mancher hochspezialisierte Elektroniker im Taxigewerbe und war dort unter all den Studenten und Migranten nicht mal allein.

Andererseits wächst im Zuge der Digitalisierung in allen Industrieländern der Welt der Bedarf an IT-Spezialisten, der aus den Reihen der meist jüngeren Fachkräfte aus dem Rüstungsbereich gedeckt wird. Und verhungern muss in unserem Land ja zum Glück niemand.

Atommüll-Lager der Welt im Marianengraben beschlossen?

Die Nachricht gleicht einem Paukenschlag: Die Weltöffentlichkeit war zwar schon unterrichtet, denn in vielen Veröffentlichungen großer Publikumsmedien erschienen mehr und öfter Artikel über das weltweite Problem der Atommüllentsorgung von Kraftwerken, Militär und anderen Interessengruppen der Atomwirtschaft. An der Diskussion der Lösungsvorschläge beteiligten sich alle neun Atommächte, allerdings aus völlig unterschiedlichen Interessen.

Zunächst ging es allen Diskutanten um die Frage, welche Art der Atomabfälle eigentlich gemeint wären: Atomabfall aus wirtschaftlichen Betrieben wie Energieerzeugung oder Forschung. Oder gar die Atomwaffen?

Diese Diskussionen dauerten zwei Jahre. Beteiligt waren nicht etwa nur die neun Atommächte, sondern die ganze Atomwelt. Die Diskussionen fanden erfreulicherweise erneut unter der Ägide der UNO statt.

Hier hatte der UN-Weltsicherheitsrat die Verhandlungen zu führen.

Wie zu erwarten war, versuchten die fünf ständigen Mitglieder USA, China, Russland, Indien und England – die gleichzeitig die Vetomächte im Sicherheitsrat sind – erneut diese Diskussion zu blockieren. Das Vorhaben misslang jedoch, weil die übrigen Atommächte Großbritannien, Frankreich, Pakistan und Israel zwar nicht über ihre Atomwaffen reden wollten, Verhandlungen lediglich über

Atommüll jedoch zustimmten.

Die Verhandlungsführer der UN schlugen vor, zuerst über die Qualität und die Menge der Atomabfälle zu sprechen. Schon das war indes schwierig, weil die Abgesandten der Atommächte nicht besonders redselig oder schlecht informiert waren. Man musste sich daher mit Begriffen wie „Brennstäbe" oder „Fässer" zufrieden geben, anstatt etwas über den Grad der Strahlung oder die gegenwärtigen Lagerorte zu erfahren.

Man schwenkte dann um auf die bisherige Suche nach geeigneten nationalen Endlagern, die den meisten Atomländern große Kopfschmerzen bereiten – jedoch ohne Erfolg.

Zu guter Letzt schlug man den seit längerem in der Diskussion befindlichen Marianengraben vor, was sofort – offenbar erleichtert - lauten Protest hervorrief. Mit dem Argument, dass nicht geklärt sei, in wessen Hoheitsgebiet diese Stelle im Pazifik liege, lief man allerdings ins Leere. Die UN-Verhandler legten dem Gremium ein Dokument vor, das lautete:

„Am 18. Januar 2009 wurde der Marianengraben von Präsident George W. Bush zum nationalen Monument der Vereinigten Staaten erklärt. Im Rahmen einer Vermessung im Jahr 2011, durchgeführt von Geoforschern der University of New Hampshire

in den USA mit einem Unterwasserroboter, sollte geprüft werden, ob den USA größere Meeresregionen um die US-amerikanischen Inseln Guam und die nördlichen Marianeninseln zustehen. Die Resultate wurden Ende 2011 veröffentlicht. Eine Meereszone von 200 Seemeilen gehört nach internationaler Anerkenntnis zum jeweiligen Staatsgebiet. Die Forscher der Universität haben auf ihren Karten vier Unterwassergebirge identifiziert, die als Verlängerung des amerikanischen Staatsgebietes von Guam und den nördlichen Marianeninseln aus gelten könnten.

Diesem Dokument sei international nicht widersprochen worden, weshalb man es als geduldete und auch geeignete Lagerstätte für Atommüll ansehen könne.

Die Diskussion endete schließlich nach zwölf Stunden mit dem Ergebnis, dass weder die Zustimmung der weltweit anerkannten Naturschutzorganisationen wie z.B. Greenpeace oder ICAN vorliege noch die Kostenaufteilung zwischen den Staaten geklärt sei.

Das letzte Argument gegen die Maßnahme überhaupt wurde von den Chinesen vorgebracht: „Und wer garantiert uns, dass wirklich aller Atommüll zum Endlager angeliefert wird und nicht doch irgendwo heimlich Reste zur Weiterverarbeitung zurückbehalten werden?"

Ob und wann weitere Verhandlungen des Themas stattfinden würden, blieb leider offen.

Private Waffen fast überall geächtet!

Mehr Erfolg gab es nach ebenfalls jahrzehntelangem Ringen um die Probleme von Waffen in privater Hand. Den Ausschlag gab eine vollkommen überraschende Nachricht ausgerechnet aus den USA, mit der niemand jemals gerechnet hätte:

Dort wurde nach einem erneuten Höchststand durch Schusswaffen getöteter Zivilpersonen (3000/Jahr) das Tragen von Waffen in der Öffentlichkeit verboten. Selbst die bei solchen Gelegenheiten immer wieder vorgetragenen Einwände der mächtigen Waffenlobby NRA (National Rifle Association) halfen der gepeinigten Nation dieses Mal nicht!

Der Beschluss fand indes nicht nur in den USA, sondern überall auf der Welt ein positives Echo. Es scheint, dass immer mehr Menschen Gewalt gegeneinander verabscheuen, Waffen ablehnen und sogar blutige Kriminalfilme im Kino oder am TV-Bildschirm ächten. Ist es die ersehnte Wende zu einer besseren Welt, in der vielleicht eines Tages doch noch alle Menschen Brüder werden?

Revolution bei der Energiegewinnung aus biologischen Vorgängen

Die Menschen werden immer klüger und erfinden ständig neue Möglichkeiten, die unermesslich reiche Natur zu ihren Zwecken zu nutzen. Der letzte Schrei ist seit einigen Jahren die Energiegewinnung aus Meeresalgen. Wissenschaftlich seriöse und veröffentlichte Experimente könnten schon viel früher als bisher geahnt großen Optimismus aufkommen lassen. Allein einige Grunderkenntnisse über den Energieinhalt von Algen machen die Menschheit staunen:

Wir unterscheiden aktuell noch zwischen der gasförmigen, flüssigen und der festen (holzartigen) Bioenergie und fassen damit die verschiedenen Bioenergieträger auf Grund ihres jeweiligen Aggregatzustands zusammen. Die Spanne reicht von Biogas und Biomethan (gasförmig) über Biokraftstoffe wie Biodiesel und Bioethanol (flüssig) bis hin zu holzartigen Biomasse-Energieträgern wie Holzpellets oder Hackschnitzeln (fest).

Jede Branche verfügt über eigene Verfahren und Technologien zur Erzeugung der Bioenergieträger und Freisetzung der Bioenergie. Auch der Entwicklungsstand und die Dynamik der einzelnen Märkte sind in

Deutschland und weltweit sehr unterschiedlich. So zählt Deutschland im Bereich Biogas zu den Weltmarktführern, gehört bei der Produktion von Holzpellets zu den Top 3 (nach den USA und Kanada) und belegt auch bei der Anwendung von Biokraftstoffen einen der vorderen Plätze innerhalb der internationalen Gemeinschaft.

Energie aus Algen ist in aller Munde. Das Thema Biokraftstoffe aus Algen ist augenscheinlich der Bereich, der am meisten Beachtung findet, wenn es um die Nutzung der Mikroalgen geht. Die Option auf flüssige Kraftstoffe, ist aktuell einer der größten Treiber der Algenbiotechnologie und die damit verbundenen Marktpotenziale beflügeln die Fantasie und die Brieftaschen der Investoren.

Die energetische Nutzung der Algen beschränkt sich aber nicht nur auf den häufig genannten Algendiesel. Es tun sich bei genauerer Betrachtung deutlich mehr Optionen auf.

Immer mehr bisher Erdöl fördernde Staaten bekommen angesichts der sinkenden Bestände kalte Füße und suchen intensiv nach Ersatz. Es sind die immens reichen Wüstenländer des Nahen Ostens, vor allem die auf der Halbinsel Sinai. Tourismus in die Sonne und Glücksspiel im Hotelcasino reichen offenbar nicht aus, um den Anspruch auf puren Luxus im Überfluss zu erhalten.

In Saudi-Arabien wurde endlich das Verbot, Frauen ans Steuer zu lassen, gekippt. Vielleicht trinken die Scheichs ja demnächst hellgrünen Whisky aus Meeresalgen und exportieren den auch noch nach Schottland...?

2050

In Deutschland sind erstmals keine neuen Autos mit Verbrennungsmotoren auf Benzin- oder Dieseltreibstoffbasis mehr zugelassen worden.

Es gibt allerdings - wegen geringer Nachfrage - wenige Neuzulassungen für LNG (Flüssigerdgas) und Wasserstoffgas. Letzteres wird z.Zt. nur von Daimler Benz, PSA Frankeich, Honda und Ford angeboten. Es geht dabei um zwei einfache Materien: Wasser und elektrischen Strom. Sie nennen das Brennstoffzellenantrieb. Und der würde zu 100% emissionsfrei arbeiten. Wenn man nämlich den Strom aus erneuerbaren Energien zapft und mit ihm aus dem Wasser (H^2O) das Wasserstoffgas (H) abspaltet, dann kann der gasförmige Wasserstoff den Motor antreiben und das Wasser als Wasserdampf den Auspuff verlassen. Die Autos sind etwas teurer und Wasserstoffgas ist immer noch längst nicht überall flächendeckend zu haben. Schade!

Immer mehr ehemalige Migranten kehren freiwillig in ihre Heimatländer zurück

Zum ersten Mal nehmen die Zahlen der Flüchtlinge aus der Dritten Welt nicht mehr zu.

Die Gründe dafür finden Politiker in dem Wiederaufbau der durch Bürgerkriege und Terrorismus zerstörten Länder des Nahen Ostens und die Demokratisierung afrikanischer Staaten, wo die Sicherheit der Zivilbevölkerung wieder zunimmt. Die Kehrseite der Medaille: Der Fachkräftemangel in den EU-Ländern verschärft sich, weil viele Migranten schon erfolgreiche Fortbildungen absolviert hatten und gut integriert waren. Manche Betriebe versuchen inzwischen, die jungen Frauen und Männer durch bessere Bezahlung und durch Familiennachzug zu halten.

Rekord der Vernunft – Eintrittsalter der Politiker immer jünger!

Es hatte in den Jahren seit 2016 begonnen, als zuerst in den Ländern der EU, später auch anderswo in der Welt, eine Welle junger

Menschen die Bühnen der Politik eroberten. Die Menschen rieben sich zuerst verwundert die Augen ob der scheinbaren jugendlichen Unbekümmertheit der Mutigen, die es wagten, der etablierten Politprominenz nicht nur die Stirn zu bieten, sondern die auch noch ruckzuck aus ihren Ämtern zu jagen.

Der erste der forschen Burschen war der erst 37 Jahre junge Franzose Emmanuel Macron, als er - „frech wie Oskar" -, eine eigene politische Partie mit dem Namen „En Marche" („im Aufbruch") gründete und im Mai 2017 zum französischen Staatspräsidenten gewählt wurde. Zuvor hatte Macron eine steile Karriere als Finanzfachmann bei privaten Großbanken und als Finanzminister der Regierung Hollandes hingelegt. Und der Clou im Privatleben ist immer noch seine 24 Jahre ältere ehemalige Französischlehrerin und nun Gattin Brigitte, in die er sich mit 17 verliebt hatte und die nun neben ihm als elegante Grand Dame auftritt. Mit neuen Ideen und viel Durchsetzungskraft begann Macron sogleich mit seinem Lieblingsprojekt, Europas Einheit zu stärken.

Noch ein bisschen jünger, aber ebenso forsch gelingt es dem erst 31jährigen Sebastian Kurz, neuer Bundeskanzler der Republik Österreich zu werden.

Dass sich diese beiden Ereignisse

ausgerechnet vor dem Hintergrund der äußerst mühsamen Versuche einer Regierungsbildung Deutschlands abspielten, überzeugte viele Wähler in Europa und gewiss auch in der übrigen Politikwelt von der Notwendigkeit, verkrustete Systeme aufzubrechen und neuem, frischen und mutigen Gedankengut Spielraum zu verschaffen.

(Hinter vorgehaltener Hand hatte sich schon an so manchem Stammtisch die gehässige Skizze der Clique um Angela Merkel, Horst Seehofer, Martin Schulz und Konsorten als die „Berliner Geisterbahn" verbreitet).

Und wenn man sich in der Welt umschaut und die Präsidenten der USA betrachtet oder die Ayatollahs im Nahen Osten, könnte einem glatt die Idee kommen, auch dort ein bisschen nachzuhelfen…

Energiekrise beseitigt? Jein - in Afrika werden keine Solarparks für Europa gebaut!

Die Idee mit den Wüsten dieser Welt schien zunächst gegriffen zu haben: Mehr als eine halbe Million Parabolspiegel sammeln in der gigantischen Anlage in Ouarzazate schon die Kraft der Sonne. Bis 2020 wollte das Königreich Marokko vier Gigawatt Strom aus erneuerbaren Energien produzieren.

Aber die Abnehmer werden nicht die weit entfernten Nordländer der Welt sein, sondern die Afrikaner und die Regionen rundherum. Angesichts der schwindenden Ölförderung der Golfstaaten im eigenen Land kommt denen der Wüstenstrom gerade recht, um ihre Luxuswohntürme zu kühlen und das besonders salzige Wasser des Mittelmeeres in trinkbares Wasser zu verwandeln.

Die Desertec-Gruppe ist am Ball geblieben und verdient gut.

Und Europa begnügt sich mit risikoarmem und billigem Windstrom aus Nord- und Ostsee. Der Strom aus den Wüsten hätte nämlich 400 Mrd. Euro gekostet, die niemand schultern wollte.

So findet unsere Energiewende nicht in Afrika statt.

2060

Keine Thermal-KW mehr in Betrieb. Weltklima stabil bei +Null 0 Grad!

Die Energiewende ist geschafft – mit Mühe und viel Geld. War das Ziel um die Begrenzung der Erderwärmung auf 2 Grad Celsius, das noch 2017 bei der Pariser Klimafolgenkonferenz als nicht mehr erreichbar formuliert worden, doch noch geschafft, so war dies den immensen Anstrengungen der Industrie der wohlhabenden Länder beim Abschalten von Thermalkraftwerken (Kohle, Erdöl, Erdgas) und bei der Begrenzung der Entwaldung und der Großviehhaltung weltweit möglich geworden.

Am teuersten war dabei auch die Aufforstung großer Urwaldbestände in der Dritten Welt zum Zweck der Verminderung von Treibhausgasen. Das bei Brandrodungen im Amazonasgebiet freigesetzte CO_2 als größter Klimafeind musste den beteiligten Ländern regelrecht abgekauft werden! Und der dadurch verringerte Methangasausstoß der argentinischen Rinder führte prompt zu höheren Steakpreisen an den Kassen der oberen Zehntausenden (die sich das leisten können).

<u>**2070**</u>

Alle ehemaligen „Schurken" sind tot

Ohne weiteres Zutun hat die Natur dafür gesorgt, dass die Welt von mehreren Krebsgeschwüren befreit aufatmen durfte: Die letzten sog. Schurkenstaaten sind frei von Diktatoren, die z.T. Jahrzehntelang und mit System ihre Untertanen drangsaliert, gefoltert und ermordet hatten. Sie alle genossen - meist unbehelligt und in Saus und Braus lebend – ein langes Leben:

Baschar-al-Assadim in Syrien wurde 99
Recip Erdogan in der Türkei starb mit 89
König Mswati III. in Swasland ging mit100
Paul Kagame in Ruanda kratzte mit 92 ab
Teotodoro Nguema in Äquart. Afrika mit 89
Robert Mugabe in Simbabwe hielt bis 104,
Alexander Lukaschenko, Weißrussland bis 88 aus

In allen sieben Staaten gelang es der UNO mit Hilfe der Nachbarstaaten und der Großmächte relativ zügig, Demokratien zu errichten und sie damit an den umfangreichen Hilfsprogrammen der Geberländer teilhaben zu lassen. Auch hierbei zeigte es sich hilfreich, ehemalige kleingliedrige Staatengebilde zu Zentralstaaten zu machen, indem die politische Macht durch eine leistungsfähige Infrastruktur in Form digitaler Vernetzung gelang.

Weltweites Aufsehen erregte eine Glanzleistung der Logistik in Simbabwe, als das große Land von niedrig und langsam fliegenden Transportflugzeugen vom Typ Transall mit 9,8 Millionen NOKIA-Handys eines auslaufenden Typs versorgt wurde. Die Mobiltelefone mit Solarzellen Akkus wurden in Zehnstückpäckchen gut gepolstert verpackt an den Stadträndern der zehn größten Städte um die Hauptstadt Harare abgeworfen. Die SIM-Karten stiftete die Deutsche Telekom AG direkt an die Regierung.

Ein kleineres Problem bestand darin, dass die Einwohner sich natürlich auf die Päckchen stürzten, um die Telefone zu verkaufen. Erst als sie begriffen hatten, dass die Geräte ohne Karte nicht funktionierten, gaben sie sie bei den Behörden zur Verteilung ab.

Die ganze Aktion dauerte vier Wochen. Die beiden veralteten Transall Maschinen der Bundeswehr flogen brav und störungsfrei insgesamt hundert Stunden über das Land und wurden ständig von begeistert kreischenden Menschenscharen begrüßt. Das Kreischen konnten alle hören – außer den Piloten.

Kein Hunger mehr – Nahrung für alle? Leider nein! Oder doch?

Allen Unkenrufen zum Trotz, die in jedem Jahrhundert die Menschen der Welt aufrütteln sollten – hat der Erfindungsgeist der Menschen noch immer gesiegt!

Es besteht keinerlei Zweifel daran, dass unsere Mutter Erde anstatt heute zehn Milliarden Menschen auch deren zwanzig ernähren könnte – würden die Nahrungsmittel gerecht auf alle Menschen verteilt werden.

Ein Vergleich macht deutlich, wo das Problem liegt:

In unserem Land – Deutschland – wurden im Jahr 2016 von 80 Millionen Einwohnern 18 Millionen Tonnen Lebensmittel weggeworfen. Das sind 225 Tonnen pro Mensch im Jahr oder 0,62 Tonnen gleich 620 Gramm pro Mensch und Tag!

In der Dritten Welt hungern derzeit (2016) etwa 800 Millionen Menschen. Jeden Tag! Wenn die jeden Tag unsere 620 weggeworfenen Gramm Nahrung hätten, dann wären sie „pappsatt". Jeden Tag! Dann wären sie glücklich und zufrieden. Dann brauchten sie nicht zu flüchten. Nicht zu meutern. Nicht zu kämpfen.

Aber wie machen wir das? Keine Ahnung – es geht nicht. Wir können unsere Essensreste nicht in die Dritte Welt transportieren. Also muss die selber auf den Gedanken kommen, soviel Essen zu produzieren, dass die Menschen dort ebenfalls Reste wegwerfen können.

Ein Wahnsinn? Ja!

Aber vielleicht ist es nur ein von den Soziologen noch nicht erkanntes aber erstrebenswerten Privileg aller Menschen, etwas wegwerfen zu können, um glücklich zu sein…?

Alle Meere sauber dank Plastikpfand? Ha!

Jedes Jahr landen etwa 10 Millionen Tonnen vor allem Plastikmüll in unseren Meeren. Die Ursachen dafür müssen dringend besser und konsequenter bekämpft werden. Denn trotz zahlreicher internationaler, regionaler und nationaler Anstrengungen ist es bisher noch nicht gelungen, das Müllproblem einzudämmen.

Es gibt im Wesentlichen drei Verschmutzer der Meere:

1. Die Plastikverpackungen (Tüten und Planen)
2. Die Partikel in Kosmetik und Medizin
3. Die „verlorenen" Fischernetze

Die Verschmutzungen gelangen wiederum durch drei Unterlassungen der Menschen in die Meere:

1. Durch Liegenlassen in der Natur
2. Durch „Entsorgung" über die Reling
3. Durch falsche Entsorgung (z.B. Toilette)

Die Schäden, die Plastikmüll anrichtet, sind:

1. Gesundheitsschäden bei Tier und Mensch
2. Naturschäden an Korallenriffen, Stränden

3.   Luftverschmutzung   durch Müllverbrennung

Die sog. zivilisierte Welt, also die Industrieländer der nördlichen Hemisphäre, ist insgesamt gesehen auf einem guten Weg. Auch hier sind es drei Punkte, die massiv zur Lösung der Vermüllung der Natur beitragen müssen:

1. Keinerlei Verpackungen mehr aus Plastik
2. Fachgerechte Entsorgung und Recycling
3. Hohe Strafen für Plastiksünder

Nicht alles Wünschenswerte dürfen wir den Behörden überlassen. Zum Glück gibt es immer mehr Menschen, die das Müllproblem erkennen und selbstlos ohne Bezahlung zur Selbsthilfe greifen.

Der Mellumrat begann vor über 25 Jahren mit systematischen Untersuchungen zur Strandvermüllung auf den unbewohnten Inseln Mellum und Minsener Oog. Die systematischen Strandmüll-Kontrollen auf Mellum (seit 1991) und Minsener Oog (seit 1995) sind die längsten Zeitreihen ihrer Art im Bereich des Nationalparks Niedersächsisches Wattenmeer. Dabei wurden insgesamt rd. 80.000 Müllteile erfasst. Die Pionierarbeit des Mellumrat e.V hat dazu beigetragen, das Thema Plastikmüll auf die Agenda von Politik und Wirtschaft zu bringen.

Bis zu 75 Prozent des angespülten Mülls besteht aus Kunststoffen. Sie stellen eine Gefahr für Natur und Umwelt dar. Viele Tiere verfangen sich in Netzen und Bändern oder fressen Müll, der ihren Verdauungstrakt verstopft, und verenden qualvoll. Betroffen sind auch Küken, wenn die Vogeleltern Abfall zum Nestbau verwenden.

Eine weitere Gefahr geht vom Plastikmüll aus: Gerade im flachen Wasser und an den Stränden wird er durch mechanische Kräfte und UV-Strahlung immer weiter zerkleinert, bis er am Ende als sogenanntes Mikroplastik auf den ersten Blick unsichtbar, aber mit verheerenden Folgen im Wasser und im Sediment verbleibt.

Mit der Ausstellung „Müll vermeiden – Meere schützen" will der Mellumrat auf ein drängendes Problem aufmerksam machen und den Druck auf alle Verantwortlichen erhöhen, die Vermüllung der Meere zu beenden.

Der Rest der Welt, der sich in den Weiten der Ozeane verliert, leidet unvergleichlich viel schlimmer unter dem Müll, den der Norden „herstellt". Die großen interkontinentalen Meeresströmungen verteilen ihn nämlich unaufhörlich, dafür aber still, leise und langsam überall hin. Selbst vor den arktischen

Polgebieten und den unendlichen Stränden der Milliarden von tropischen Inseln machen sie nicht halt.

Und das Plastikzeug ist zäh: Unsere gebräuchlichen PET-Plastikflaschen benötigen bis zu 450 Jahren, ehe die Natur sie mit der Sonnenstrahlung oder durch Reibung mit Sand vernichtet. Und in vielen abgelegenen Gegenden wird der Müll gar nicht gefunden, weil ihn niemand sieht. Oder weil er auf den Meeresgrund liegt. Oder sich um die Korallen wickelt.

Manchmal zeigt ja jemand Luftbilder von einsamen Stränden voll Plastikmüll.

Aber wir wissen ja, was wir dann alle denken: „Ein Glück, dass wir da nicht wohnen!"

2080

Manche Forscher sagen: Der Zuwachs der Weltbevölkerung stoppt bei 20 Mrd. Stimmt das?

Ja. Und nein. Die Wissenschaft vom Bevölkerungswachstum der Welt ist ein weites Feld. „Das Netz", das ja von Google bis Wikipedia bekanntlich alles weiß, enthält so viele Parameter und Varianten für eine zuverlässige Vorausberechnung der Menschenmenge, die eines Jahres den Planeten bewohnen könnten, dass man sich aussuchen kann, was man glauben darf.

Eine seriöse Quelle ist wohl wieder einmal die UNO mit ihren Spezialisten für alles und jedes. Auf unsere konkrete Frage, wie viele Menschen am Ende der Handlung dieses Buches – nämlich im Jahr 2118 – die Erde bewohnen, erhält man nach einem sog. „Wenn – Dann –Verfahren" zwei grenzwertige Antworten:

Die aus acht verschiedenen Berechnungsverfahren auf die Fragen „Wenn" und „Dann" errechneten Werte besagen, dass die errechnete Menschenanzahl vom jetzt (2018) erreichten Wert von 7,3 Mrd. entweder um 3,9 Mrd. auf dann also 11,3 Mrd. oder um 5,4 Mrd. auf dann also 12,4 Mrd. ansteigt. Nach dem Erreichen dieser Grenzwerte soll die Anzahl dann allmählich wieder sinken.

Wer es noch genauer wissen will, der kann tief in die Zahlengebirge eintauchen, denn da steht auch noch, auf welchem Kontinent es den Menschen am schlechtesten geht oder am besten.

Andererseits kann uns dies alles auch ziemlich schnuppe sein, denn dann – lieber Leser – leben wir beide vielleicht schon lange nicht mehr…

2090

Erfreulich. Nahezu alle Staaten der Welt sind in den UN.

Auf unserer Erde gab es im Jahr 2018 256 Länder. Davon waren nur 192 Vollmitglieder der UNO. Weitere 69 Länder gehörten den sog. UNPO an, den nicht von den UN repräsentierten Ländern.

Inzwischen haben sich die Zahlen deutlich verbessert: Es gibt nunmehr 232 Vollmitgliedstaaten und nur noch 24 Nichtmitglieder. Die Anzahl der vollständigen Demokratien stieg auf 34, die der unvollständigen sank auf 49 und die der Diktaturen um 7.

Außerdem gibt es Anzeichen dafür, dass die Vetomächte von ihren Sonderrechten weniger Gebrauch machen werden.

Es ist auch gelungen, die Ungleichheit bei den Mitgliedsbeiträgen zu nivellieren. Die USA zahlen nahezu den Sollbetrag, Deutschland zahlt seinen vollen Anteil und die Kleinstaaten erhörten ihre Beiträge einheitlich geringfügig.

Dies alles verbessert das Klima und die Stimmung im Club der Nationen erheblich.

2100 -2118

**Atommächte handeln Geheimpapier aus.
Ist das Ende aller Atomwaffen nah?**

Es sind die ersten Tage des Jahres. Die christliche Welt hat Weihnachten und Sylvester gefeiert. Der Politikbetrieb läuft gemächlich an.

An der Ostküste der USA brausen die zu dieser Jahreszeit üblichen Blizzards einher und polieren mit ihren Eislanzen das öffentliche Leben auf nahezu null. Wie üblich sind zigtausende Haushalte ohne elektrischen Strom. Der Präsident hat das Weiße Haus abgeschlossen und weilt mit seiner First Lady und den beiden Töchtern in Key West, wo die Staatsyacht „Mary Poppins" zur Fahrt in die Karibik bereitliegt.

Ganz anders geht es in Paris zu. Staatspräsident Bernard Clermont, ebenso ein flotter Bursche wie damals Emanuell Macron, lacht in der Präsidentenwohnung im Elysee Palast neben seiner attraktiven jungen Freundin Vivienne über einen alten Film mit Catherine Deneuve, die er über alles verehrt. Als kenntnisreicher Cineast liebt er die alten Filme, bei denen er sich gerne entspannt. Gerade erscheint Jean Gabin auf dem Bildschirm, als das weiße Telefon auf dem Kacheltischchen plötzlich läutet.

Missmutig ob der Störung nimmt Bernard den Hörer ab. Dann greift seine Hand zur Fernbedienung und schaltet den TV-Ton ab. Vivienne sieht ihn gespannt an. Er legt kurz die Hand auf die Sprechmuschel und flüstert ihr zu:

„Amerika. Der Präsident!"

Zunächst ist es nur sein Sekretariat im Elyseepalast, das immer rund um die Uhr besetzt ist.

„Guten Abend, Sire*" ulkt der junge Beamte der *sureté in den Hörer, „ich störe nur ungern, aber… ."

„Was ist los, Julien, brennt die Luft? Mein Gott, das Weiße Haus, um diese Zeit…!"

„Tja – keine Ahnung. Soll ich den *traducteur zuschalten?"

„Nein lass´mal, ich kann ein paar Worte amerikanisch, ich meld` mich dann, wenn´ s ernst werden sollte."

Dann war der US-Präsident in der Leitung. Die beiden Staatsmänner kannten sich gut und waren sich sympathisch, weshalb man sich mit den Vornamen ansprach:

*Sire: veraltet für Majestät
*sureté: Sicherheitsdienst,
*traducteur: Übersetzer

„Hi Bernard, hope I don´t disturb you too much. How are you?"

"Thanks fine! But what about you, John? Must be something serious that happened. What is it? Can I help you anyhow?"

Clermont drückte jetzt auf den Knopf mit der Raute, um seinem Büro zu signalisieren, dass er das weitere Gespräch lieber mithilfe der Simultandolmetscherin fortsetzen wollte. Die war sofort dran und begrüßte den hohen Anrufer, der das Gespräch jetzt fortsetzte.

„Tja, mein lieber Bernard, es geht um eine, na – sagen wir mal – ziemlich pikante Sache, die ich zuerst mit dir besprechen wollte, weil ich hoffe, dass du vielleicht auf unserer Seite stehen wirst. Haben wir eine abhörsichere Leitung?"

„Ja, selbstverständlich. Außer meiner Übersetzerin hört uns niemand und unser Gespräch verwandelt sich außerhalb dieses Hauses sofort in ein wirres Gepiepse."

„Okay, also dann: Wir hatten hier gestern Abend im Oval Office mit einigen maßgebenden Senatoren der Demokratischen Partei ein langes Gespräch über Geld. Es ging wiedermal um den Verteidigungshaushalt und meine Experten von der Army lagen mir – wie jedes Jahr – in den Ohren und jammerten um mehr Geld. Das kennt man ja nun schon seit

Jahren, aber jetzt geht es plötzlich um so viel Kohle, dass mir schwindlig wurde.

Meine Freunde behaupten, dass alleine der Bereich um die atomaren Waffen, also U-Boote mit Atomraketen, Lenkwaffenzerstörer, Bomber und ähnliches Teufelszeug so veraltet sei, dass wir quasi sofort eine Billion Dollar auf den Tisch

legen müssten, um innerhalb eines Jahres wenigstens mit dem Rest der Welt gleichzuziehen. Stell- dir- das- mal- vor!!"

Stille.

„Bist du noch dran, Bernard?"

„Ja klar – ich rechne gerade nach, wie viele Euro das wären, John".

„Spar dir deine Witze."

„Und – was hast du denen gesagt?"

„Ich bin geplatzt!"

„Hm, und dann?"

„Ganz im Ernst, Bernard, ich mache nicht mehr mit. Ich will, dass dieser ganze Atomscheiß von der Welt verschwindet. Das ist der allergrößte Schwachsinn, den sich die Menschheit leistet: Bis an die Zähne gerüstet mit Waffen, die niemand zu benutzen wagt, weil er selbst dabei hopsgehen könnte. Und wenn es doch jemand macht, dann … siehe Nordkorea. Ein Glück, dass der Arsch von Kim Jong un seinen Wahnsinn mit dem Leben bezahlt hat. Aber wer garantiert uns, dass es nicht noch mehr solcher Idioten gibt?"

„Tja John – ich möchte nicht dazu gehören."

„Siehst du – da sind wir ja schon zu Zweit. Jetzt geht es darum, dass wir beide die anderen sechs davon überzeugen, mitzumachen. Die Russen, die Engländer, die Chinesen, Indien, Pakistan und Israel."

„Okay. Und wie willst du das machen? Wollen wir eine Telefonkonferenz schalten oder wie… ."

„Quatsch! Das geht natürlich nicht. Aus meiner Sicht gibt es nur einen Weg: Wir müssen den UN Sicherheitsrat dazu bewegen, eine Geheimkonferenz an einem abgelegenen Ort einzuberufen, zu dem wir alle acht – höchstens jeweils zu zweit plus dem Rat, also insgesamt nicht mehr als sagen wir zwölf Leute – zusammenbringen… ."

„Genial John, aber… ."

„Jaja, du hast Recht, Bernard, die müssen sich natürlich zuhause erst versichern, was sie verhandeln dürfen und was nicht… ."

„Na, das betrifft ja wohl nur die paar Demokraten unter ihnen. Zum Beispiel die Engländer, Israel… ."

„Und mich. Und dich."

„Richtig!"

„Hm – ganz schön mutig. Aber immer noch

genial. Nur, was machen wir, wenn einer … tja, wenn einer sich sperrt. Denkst du nicht an das Vetorecht der fünf ständigen Mitglieder, die alles und jedes im Sicherheitsrat blockieren können und das immer wieder tun? Dann können wir die ganze Aktion vergessen. Da braucht nur einer No zu sagen. Oder Njet."

„Na gut, das ist natürlich ein Argument. Dann müssen wir eben von vornherein anders vorgehen: Das Vetorecht haben die Fünf nämlich nur im Sicherheitsrat, aber nicht in der Generalversammlung, oder?"

„Tja – das stimmt vielleicht, aber... hat das bisher jemals etwas genützt?"

„Gut – dann hauen wir doch gleich auf die ganz große Pauke und beantragen eine Sondersitzung der Generalversammlung mit dem einzigen Thema Vernichtung sämtlicher Atomwaffen. Dazu brauchen wir nur die absolute Mehrheit des Plenums von inzwischen 238 Stimmen der Mitgliedstaaten. Und die kriegen wir doch spielend!"

„ … aber das ist in der UN Charta doch gar nicht vorgesehen!"

„Egal. Wenn wir die Mitglieder in einem offenen Brief in der Weltpresse darüber informieren, dass wir – Frankreich und die USA - eine Sondersitzung der UN Vollversammlung zum Thema Vernichtung aller Atomwaffen einfordern und die UN das ablehnen, dann blamieren die sich doch endgültig und restlos!"

Für einen Moment herrscht Stille am Telefon. Dann meint Bernard mit leiser Stimme: „Hm – hoffentlich hast du recht… ."

„Egal. Ich verbürge mich trotzdem für die Idee. Und ich glaube fest daran, dass mein Volk, die Nordamerikaner und die ganze Welt uns die Füße küssen, wenn wir ihnen verkünden, dass alle Atomwaffen von dieser Erde verschwinden. Und zwar auf Nimmerwiedersehen."

„Moooment John, nicht so schnell, mein Freund. Selbst wenn die Atommächte einlenken und zustimmen oder überstimmt würden, könnten die uns doch viel versprechen, wenn der Tag lang wird. Wer kontrolliert denn, ob die beteiligten Staaten ihre Atomwaffen wirklich alle … vernichten … oder … auch nicht? Stell´ dir nur mal vor, wo überall die Chinesen oder die Russen in ihren Riesenreichen ihre Atomsprengköpfe verstecken könnten. Die würde man doch nie und nimmer alle finden. Und was dann? Dann drückt vielleicht doch noch der letzte Idiot auf den roten Knopf und schreit in die Welt *„Jetzt hab ich euch alle in der Tasche."*

Erneut trat eine Pause ein. Im Äther der

Telefonstrecke über den Atlantik knisterte und rauschte es leise. Als die Pause ihr zu verdächtig lang erschien, meldete sich die Stimme der jungen Simultandolmetscherin, zaghaft, stockend mit fast erstickter Stimme:

„Hallo ... hallo ... sind sie noch dran?"

„Äh – ja, ja natürlich... ."

Ein erleichterter Seufzer – und dann:

„Meine Herren – bitte ...bitte... entschuldigen sie, wenn ich ... ja, ich kann nicht anders... ich muss ihnen sagen, wie glücklich sie mich machen. Und ich ... ja, ich kann mir nicht vorstellen ... also, ich meine...dass kein Mensch auf der ganzen Welt nicht glücklich sein würde ... wenn es ... ja, wenn es keine dieser furchtbaren Wahnsinnswaffen mehr gäbe. Bitte ... tun sie alles... alles was geht... ich gratuliere ihnen zu ihrem Mut... ."

US Präsident John fand als Erster seine Stimme wieder. Er lachte befreit:

„Da hörst du es, Berard. Die Jugend ist auf unserer Seite – was kann uns passieren?"

„Na – ich bin noch ein bisschen skeptisch. Aber mir ist da gerade ein Gedanke gekommen: Vielleicht sollte man die an der ganzen Aktion beteiligten Staatsmänner allesamt als … tja … als Pfandgeiseln einsammeln, sie auf eine einsame tropische Insel bringen und sie dort so

289

lange festhalten – mit allem Komfort, versteht sich – bis alle Atomwaffen tatsächlich gefunden und vernichtet worden sind. Dann lässt man sie wieder frei und feiert sie als Wohltäter der Menschheit – na?"

„Gar nicht schlecht die Idee, mein Lieber", raunte John. „Da ich als Präsident der USA auch zu den Geiseln gehöre, möchte ich allerdings darum bitten, meine Familie und die Yacht auf die einsame Insel mitnehmen zu dürfen."

Bertrand Clermont konterte sogleich: „Okay, genehmigt, John - aber im Dieseltank der Yacht werden nicht mehr als dreißig Liter sein, damit du nicht abhauen kannst."

Das Gesicht des UN Generalsekretärs verzog sich zu einem müden Grinsen, als der Präsident ihn am folgenden Morgen anrief.

„Ach John, kommen sie: Glauben sie wirklich, dass sich die Veto Leute einfach so aushebeln lassen? Nur weil einige Zeitungen ihren heldenhaften Vorschlag einer Sondersitzung abdrucken?"

„Ja Sir, das glaube ich. Und wenn sie dabei sein wollen, wenn die gut 300 Abgeordneten dann das UNO Hochhaus am East River stürmen, dann bitte ich sie um ihren ganzen Einfluss. Einer muss das endlich machen. Und wenn nicht sie – wer dann?"

„Na gut, John: Ich werde ihnen die Tür öffnen und sie ´reinlassen. Aber wenn die ganze Aktion schief geht wie immer, dann…?"

Die Sondersitzung in New York fand am 1. August 2118 statt. Alle Vollmitglieder der UN entsandten mindestens einen Angeordneten. Das Ergebnis der Abstimmung über die endgültige Vernichtung sämtlicher Atomwaffen war eine Prozedur von wenigen Minuten, bis alle Abgeordneten ihre JA-Stimme abgegeben hatten.

Die Vermessung des Marianengrabens und dessen Bodenbeschaffenheit durch amerikanische Geologen und Ingenieure mit Tiefseetauchrobotern dauerten ein Jahr.

Im gleichen Zeitraum hatten alle Atommächte und die Atomwirtschaft den UN die geografischen Daten ihrer Lagerstätten von strahlendem Material zugeleitet. Sie verschafften den UN Kontrolleuren Zugang und detaillierte Mengenermittlungen der Bestände sowie Messungen der Strahlung.

Parallel dazu bauten koreanische, japanische und chinesische Schiffswerften 200 riesige schwimmfähige Stahlbetoncaissons, die später – beladen mit dem hochgiftigen Material – von

Hochseeschleppern nach Südostasien geschleppt, in den Graben abgesenkt und mit einer meterdicken Betondecke überspült würden.

Kontrollmessungen der Radioaktivität ergaben, dass die Strahlung bereits tausend Meter über der Schüttung Null Becquerel betrug.

Die ganze Aktion dauerte zehn Jahre und kostete die Welt geschätzte hundert Billionen Dollar, bis man die Schrecken endlich vergessen durfte.

Der endgültige Zerfall bis zur Halbwertszeit aller Kerne kann allerdings zwischen acht Minuten und 14 Milliarden Jahren liegen...

„Tja – liebe Erde, hier endet meine Gratulation zu deinem 4,6 Milliardsten Geburtstag.

Das „Abenteuer Menschheit" mit all seinen Irrungen und Wirrungen musste einen unglaublich mühsamen, schmerzhaften, teuren und oftmals unnötigen Weg beschreiten, bevor sich schließlich doch noch die ersehnte Verbrüderung zivilisierter Menschen anbahnte.

Aber – wird sie wenigstens halten?

Die größten Hindernisse scheinen identifiziert, aber längst nicht beseitigt.

Manche meinen, es sei die Dummheit der Menschen, gegen die ja angeblich selbst Götter vergebens kämpfen.

Ich meine, es sind die unvereinbaren Religionen, deren Glauben ja einerseits Berge versetzt, aus denen aber auch andererseits unversöhnlicher Hass gegeneinander entsteht.

Wie auch immer: Vor 4,6 Milliarden Jahren entstandst du, unser Planet Erde. Nach weiteren 6,3 Milliarden Jahren wirst du explodieren, und alles Leben auf dir wird ausgelöscht sein.

Vielleicht hat es bis dahin eine neue Generation von Lebewesen geschafft, alles besser zu machen? Und entkommen?

Wir wissen es nicht. Und es wird auch niemanden mehr interessieren.

Schlusswort

„Denn wir alle sind ja doch nur Nanokrümel im unendlichen All… .“

Vom Autor Helge Janßen gibt es weitere interessante Bücher in jeder Buchhandlung und im Web bei **www. gutebuecher-helgejanssen.de**